나를 돌보는 시간

나를 돌보는 시간 김유비

아무도 모르는
내 마음의 소리를 듣는 시간

규장

이제 자신을
돌볼 시간이에요

두 번째 책을 쓰면서도 믿기지 않습니다. 나는 책을 쓸 자격도 재능도 없거든요. 그래서 나를 위해 책이 나왔다고 생각하지 않습니다. 상처 입은 '한 사람'을 사랑하시는 예수님 덕분이지요. 나는 그저 상처 입었을 뿐, 아무것도 아니거든요.

나는 앞만 보고 달려왔습니다. 더 나은 삶을 살고 싶었거든요. 하나님을 사랑했고, 일상에서도 최선을 다했어요. 1분 1초를 허투루 쓰지 않았지요. 하지만… 나는 무너졌습니다.

내가 힘들다고 말할 때마다 하나님은 나를 설득하셨어요. 의심하지 말고 믿고, 꿈꾸고, 노력하라고. 참고 견디면 나를 크게 쓰겠다고 말씀하셨지요. 기도할 때는 잠시 위로를 받지만, 일상에서는 괴로웠어요. 현실의 내 모습과 내가 되고자 하는 모습이 너무 멀었기 때문이지요. 하나님의 기대에 부응하지 못한다는 생각에 자책도 했습니다.

그때는 몰랐어요. 내가 왜곡된 하나님을 만나고 있었다는 걸. 내 치유되지 않은 상처가 하나님과의 관계를 왜곡시켰지요. 하나님이 아니라 내가 문제였습니다.

의심하지 말고 믿으라는 말, 참고 견디면 크게 쓰겠다는 말 모두 성경에 있어요. 나는 말씀에 근거해서 왜곡된 하나님을 만난 겁니다. 성경을 깊이 이해하지 못해서 벌어진 일이었어요.

뒤늦게 깨달았지요. 내가 의심해도, 무언가를 이루지 못해도, 결국 실패한다 하더라도 하나님은 있는 그대로의 나를 사랑하신다는 것을. 하나님이 우리를 있는 그대로 사랑하신다는 말, 내 머리로는 알고 있었지만 마음으로 느끼지 못했어요. 왜 그랬냐고 묻는다면… 나도 모릅니다.

나는 살아오면서 그 누구에게도 나 자신을 있는 그대로 보여준 적이 없습니다. 두려웠어요. 거절당할까 봐. 있는 그대로의 나를 사랑해준 사람이 없었거든요.

있는 그대로의 나를 사랑하시는 하나님을 처음 만났을 때, 나는 다시 태어난 것처럼 좋았습니다. 그래서 두 번 다시 과거로 돌아가고 싶지 않아요. 언제 어디서나 나를 사랑하시는 하나님을 만날 겁니다. 한없이 따뜻하고 다정하신 그분을 말이죠.

지금 내가 힘들다고 말하면 하나님은 나를 다그치지 않으세요. 인상을 찌푸리지도, 언성을 높이지도 않으시지요. 나는 무서운 하나님을 오랫동안 만났지만 더 이상은 아닙니다.

내가 말합니다.
'나 혼자예요. 아무도 없어요. 더 이상 못할 것 같아요.'
하나님이 말씀하세요.
'넌 혼자가 아니야. 내가 지금 네 곁에 있단다. 넌 절대로 혼자일 수 없어. 얼마나 힘드니? 내게 와서 쉬렴.'

내가 외롭고 무섭다고 말할 때마다 안아주시고, 있는 그대로의 날 사랑해주십니다.

그동안 내 상처를 인식하지 못해서 나 자신을 돌볼 수 없었습니다. 그런 나를 하나님은 불쌍히 여기시고, 내 상처를 어루만져주셨지요. 내 노력으로 얻은 성취가 아닙니다. 오직 은혜로 내게 주어진 선물이에요.

당신은 어떤 하나님을 만나고 있나요? 당신의 상처가 하나님을 왜곡시키고 있다면 멈춰 서서 자신을 돌봐주세요. 나도 완전히 치유되지는 않았지만 내게 일어난 일을 공유하고 싶어요. 당신이 내 글을 읽는 이유를 알아요. 내게 직접 말해준 적은 없지만 마주 앉으면 마음으로 느낄 수 있거든요.

당신의 눈빛이 내게 말해요.
'그래, 너도 상처받았구나. 너는 다를 줄 알았어. 목사니까 안 그럴 줄 알았어. 네게는 말하고 싶어. 너도 상처받았으니까. 누구에게도 말할 수 없었던 내 이야기를 들려줄게.'

나도 눈빛으로 말할게요.

'그래요, 당신 이야기를 듣고 싶어요. 나는 해결할 능력이 없지만 이 자리에 성령님이 계세요. 예수님의 사랑으로 당신은 치유될 거예요.'

상처받은 내가 오늘도 포기하지 않고 상처 입은 한 사람을 만나는 이유는 예수 그리스도 때문이에요. 그분이 계시기에 부끄러움에 도망치지 않고 내 자리를 지키고 있지요.

내 진심을 담아 당신에게 말하고 싶었어요.

"이제 상처를 돌볼 시간이에요."

차례

2부 내 상처 돌보기

3부 내 관계 돌보기

4부   내 감정 돌보기

1부

내 믿음 돌보기

나를 돌보는 시간

아무도
날 사랑하지 않아

하나님 사랑이 느껴지지 않아요.
하나님은 날 사랑하지 않아요.

사랑받은 적 있나요?
누구에게라도.
아무도 없었군요.
내 마음이 아파요.

내 부모도 날 사랑하지 않았어요.
이제 하나님도 날 거부해요.

하나님이라고 부르면 괜찮은데

하나님 아버지라고 부르면
마음이 불편해요.

아버지라고 하는 순간,
복잡한 감정이 밀려와요.
무섭고 무관심한 아버지,
그 아버지가 이 아버지가 아닌데….
참 이상하게 외롭고 쓸쓸해져요.

그렇군요, 그럴 수 있어요.
하나님의 사랑이 느껴지지 않을 수 있죠.
사랑받은 적 없어서
사랑받는 게 뭔지 모른다고 하셨죠?

자녀를 사랑하시나요?
조건 없이 사랑하신다고요.
자녀 대신 죽을 수도 있다고요.
부모에게 사랑받지 못했다면서
자녀를 사랑하는 이유가 뭔가요?
어디에서 시작된 사랑일까요?

당신 안에 사랑이 없잖아요.
사랑받지 못했다면서요.

자녀 대신 죽을 수 있다는 말,
진심이란 걸 알아요.
혹시 누군가에게 그런 사랑,
받은 적 있나요?
누군가 당신을 위해
대신 죽기라도 한 것처럼.

이제 아시겠어요?
당신은 사랑받고 있습니다.
부모 사랑으로
하나님 사랑을 느낄 수 없다면,
자녀를 사랑하는 마음으로
하나님의 사랑을 추적하세요.

상처투성이 당신도
자녀를 조건 없이 사랑할 수 있으면서
하나님은 당신을 사랑하지 않는다고

쉽게 결론 내릴 수 있나요.
자녀를 사랑하는 마음으로
하나님 사랑을 느껴보세요.

내 이야기, 잠시 해도 될까요.
내 딸이 이마에 깊은 상처를 입어
피를 콸콸 쏟은 적이 있어요.

딸을 지켜주지 못했다는
생각에 괴로웠어요.
밤이면 밤마다
딸이 잠들면 울고 또 울었죠.
속상해 죽겠는데
하나님이 한마디 툭 던지셨어요.

"네 딸 살이 찢기니 괴롭겠구나.
나도 내 아들 살이 찢길 때 괴로웠다."

온 세상이 멈춘 것처럼 고요했습니다.

내가 아버지가 아니고
내 딸이 다치지 않았다면,
그리스도의 사랑을
이토록 깊이 느낄 수 있었을까요?
부모인 우리는 자녀를 통해
하나님의 사랑을 깨달을 수 있어요.

"나 외로워요. 하나님은 어디 있나요?"

당신이 하나님을 찾을 때마다
그분이 말씀하시기를 바랍니다.

"네가 네 자녀를 사랑하듯 나도 너를 사랑한다."

하나님, 하나님 아버지.
당신이 하나님을 어떻게 부르든지
그분의 따뜻한 사랑을
느낄 수 있기를 기도합니다.

성경이
믿어지지 않아요

나는 성경이 믿어지지 않아요.
문제가 있는 걸까요?
언제쯤 온전한 믿음을 가질 수 있을까요?

사람들은 내가 의심이 많대요.
그래서 믿음이 자라지 않는다고.
나도 믿고 싶어요.
그런데 뜻대로 안 되는 걸 어쩌죠?
도저히 믿기 어려워요.

성경에는
터무니없는 이야기가 섞여있어요.

바다가 둘로 갈라졌다든지,
바위에서 물이 나온다든지.
말이 안 되잖아요.
목사님은 다 믿으시나요?

네, 믿습니다.
하지만 믿기까지 힘들었어요.
주변에서 무조건 믿으라고 하면
마음이 답답했지요.
나중에 믿고 나니까
'그게 그 뜻이었구나' 했어요.
내가 느낀 걸 말해볼게요.

믿음은 순서가 중요합니다.
순서가 바뀌면 오해가 생겨요.
지식은 이해되면 믿어지지만
말씀은 믿으면 이해돼요.

지식은 처음에는 이해가 안 되지만
이치를 깨달으면 믿어져요.

그래서 이해되기 전까지는
지식이 나보다 우월하지만
지식을 이해하고 나면
그것이 나보다 열등하게 느껴집니다.

어려워서 풀지 못하는
수학 문제를 만나면 주눅 들지만
한번 풀어버린 문제는 시시하잖아요.
이해된 지식은 나보다 열등해요.
내가 정복하고 그 위에 올라서지요.

말씀은 어떤가요.
완전히 이해되지 않아요.
처음 읽는 순간부터
고개를 갸우뚱하게 됩니다.

어떤 사람은 말해요.
"이해를 못하는데 어떻게 믿어?"
나는 거꾸로 말하고 싶어요.

"이해되는데 왜 믿어?"

이해되면 이해된 거예요.
믿고 안 믿고 할 게 없지요.
말씀은 지식과 달라요.
믿고 난 다음에 이해돼요.
하나님이 내 머리로 다 풀려버리면
하나님이 아니지요.
내가 믿을 이유가 없습니다.

오해하지는 마세요.
덮어놓고 믿는 건 아니에요.
이해하기 위해 최선을 다해요.
조금만 더 들어주세요.

바다가 둘로 갈라지는 이야기,
바위에서 물이 나오는 이야기.
나도 믿기 어려웠어요.
상식적으로 말해볼게요.

사람을 처음 만나면
우리는 신중해집니다.
상대의 말과 행동을 먼저 살피죠.
쉽지는 않아요.
말과 행동이 전부가 아니거든요.

같은 말을 하더라도 느낌이 달라요.
말은 거칠어도 마음이 따뜻한 사람.
말은 따뜻해도 마음이 차가운 사람.
처음에는 몰라요.
충분한 시간이 필요해요.
함께 오래 있다 보면 알게 됩니다.

우리는 무엇으로 그 사람을
느끼고 있는 걸까요.
생각을 깊게 안 해서 그렇지
따져보면 정확히 몰라요.

하지만 일단 그를 신뢰하면
그의 말과 행동을 신뢰하게 돼요.

가끔 황당한 말을 해도
'저 말을 왜 할까? 이유가 있겠지' 생각하죠.

나는 말하고 싶어요.
성경을 전부 믿고 싶다면
먼저 하나님을 믿어야 합니다.
사건에 집착하면 하나님 못 믿어요.

사람을 처음 만나서
속으로 계산기 두드리는 사람은
친구로 사귀기 힘들듯,
하나님을 알기도 전에 따지기 시작하면
그분을 만나기 어려워요.

하나님을 알고 싶다면
먼저 그분과 친해지세요.
함께 대화하면서 시간을 보내세요.

조급할 필요 없어요.
자책할 필요 없어요.

시간이 필요할 뿐이에요.
그분이 느껴지기 시작하면
당신은 결국 믿게 될 거예요.
그분이 하신 모든 말씀을.
그분이 이루신 모든 일을.

고개를
돌리지 말아요

나는 무서워요.

현실을 마주할 수 없어요.

하나님이 없었다면 살 수 없었을 거예요.

내가 무너지는 순간마다 버틸 힘을 주셨지요.

그렇군요, 지금은 왜 힘든가요?

하나님이 멀게 느껴져요.

기도해도 대답하지 않으세요.

하지만 난 알고 있어요.

계속 버텨야 해요.

이 시간이 지나면 만나주실 거예요.

조심스럽게 말하고 싶네요.
당신에게는 패턴이 있어요.
현실을 마주하기 두려워
고개를 돌려버려요.
고개를 돌린 쪽에
하나님이 계신 건 다행입니다.
하나님을 찾아줘서 고마워요.

하지만 당신의 하나님은
언제나 멀리 계세요.
평소에는 보이지 않아요.
당신이 고통받는 문제 속에 계시지 않아요.
고개를 돌린 쪽에 계십니다.
아주 멀리.

당신에게 부탁할게요.
고개를 돌리지 말아요.
고통스러워도 끝까지 현실을 바라보세요.
하나님은 멀리 계시지 않아요.
당신이 고통받는 문제 속에 계십니다.

고개를 돌려버리면
그분이 일하심을 볼 수 없어요.

눈물만 닦아주시는 하나님은
하나님이 아니죠.
고통을 해결하시는 하나님이
진짜 하나님이지요.

하나님이 문제를 대신
해결해주신다는 말이 아닙니다.
문제 속으로 걸어가는
당신의 손을 잡아주신다는 말이에요.

고개를 돌리지 않고 만날 수 있는 하나님.
그 하나님이 당신에게 필요해요.
더 이상 닫힌 문 앞에서 울지 마세요.
불러도 대답하지 않는
하나님을 찾지 마세요.
당신은 고아가 아닙니다.

하나님은 언제나 당신 옆에 계세요.
아주 가까이.
당신의 숨소리마저 듣고 계시죠.
멀리 계신 하나님이 아니라
가까이에서 안아주시는
하나님을 선물하고 싶어요.

내 마음이 전해졌나요?
자, 그럼 앞을 보고
마음의 준비를 하세요.
씩씩하게 걸으세요.
하나 둘, 하나 둘.
당신이 두려워하는 현실을 향해.

말씀을 읽어도
은혜가 없네요

말씀을 읽어도 은혜가 없다는
사람을 만납니다.
내가 제대로 이해했다면 이런 말이겠지요.

"예전에는 말씀을 읽으면
마음이 뜨겁고 감동이 되었는데,
요즘은 하나님께서 주시는 은혜가 없어요."

은혜가 없으면 조급해집니다.
만회할 방법을 찾지요.
'뭔가 잘못되었어.
그러니 은혜가 없지.'

불안 요소를 하나둘 제거하지요.
거리끼는 게 없나 계속 살핍니다.

그러다 지치면 본색이 드러나지요.
슬슬 화가 나고, 분노가 치밀어요.
'내가 이렇게까지 했는데 안 되네.
어떻게 이러실 수가 있지?'

나는 묵상과 글쓰기가
닮았다고 생각합니다.
남이 쓴 글을 읽기만 할 때는
전혀 몰랐던 게 있어요.

글을 잘 쓰려면 특별한 영감이나
재능이 필요하다고 생각했거든요.
그래야 특별한 글을 쓸 수 있다고 생각했어요.

잘못된 생각이었습니다.
틀린 말이에요.

가끔 글을 쓰는 사람은
영감을 기다릴 수 있겠지요.
유유자적 편하게 지내다가
영감이 떠오르면 글을 쓰지요.

미안하지만 그건 영화의 한 장면일 뿐
실제 벌어지는 일은 아니에요.
영감을 기다리는 사람은
오랫동안 글을 쓸 수 없습니다.

매일 글을 쓰는 사람은
저마다 자신만의 습관이 있어요.
절제된 삶을 살면서
공장처럼 일정 분량의 글을 매일 찍어냅니다.
영감 따위는 믿지도 기다리지도 않아요.

그런데 어떻게 매일 글을 쓰나요?
특별한 비결이라도….

없어요. 그런 거.
그냥 쓰는 겁니다.
죽이 되든 밥이 되든 그냥 써내려가는 겁니다.

반복하다 보면 가끔 놀라운 일을 겪어요.
내 수준을 넘는 특별한 생각이 떠오르죠.
아마 이런 걸 '영감'이라 부르나 봅니다.
그러나 아쉽게도 영감은
내가 통제할 수 있는 게 아닙니다.

그냥 왔다가 사라져요.
붙잡아두고 싶지만 어쩔 수 없어요.
인정할 건 빨리 인정하는 게 나아요.

아! 내가 글쓰기와 묵상이
닮았다고 했지요.
나는 매일 글을 쓰기 전에
항상 성경을 읽습니다.
특별한 은혜가 없어도 매일 꾸준히 읽지요.

'마음이 메마르지 않았나….'
그런 고민은 아예 하지 않습니다.

하루 세 끼 밥 먹듯이
그냥 앉아서 말씀을 섭취해요.
야금야금 잘 씹어 먹습니다.
매일 말씀을 읽다 보면
가끔 폭포수 같은 은혜가 느껴집니다.
매일이 아니라 아주 가끔.

성경을 펼칠 때마다 은혜가 있기를 바라죠.
하지만 그건 내 바람일 뿐 현실이 아니에요.
내가 통제할 수 없잖아요.
은혜를 만들어낼 수도 없고.
쥐어짜도, 발버둥쳐도 소용없어요.
그건 선물이거든요.
하나님께서 주시는 선물.
누군가 선물을 보내야 받을 수 있지요.

아까 했던 질문을 다시 해볼까요?

어떻게 성경을 매일 읽나요? 비결이라도.

없어요. 그런 거.
그냥 읽는 겁니다.

은혜가 있든 없든 매일 성경을 펼쳐야
평생 동안 읽을 수 있습니다.

매일 내리는 비는 장마.
가끔 내리는 비는 단비.
둘 중 하나 선택하라면
나는 단비가 좋습니다.
매일 비가 내리면
비의 소중함을 모를 테니까요.

자책은 이제 그만,
그냥 성경을 펼치세요.

우리 목사님이
변했어요

우리 목사님이 변했어요.

처음에는 안 그러시더니

지금은 얼마나 권위적인지 몰라요.

은혜는커녕 상처를 줘요.

교회를 옮길까 고민 중이에요.

교회 옮기는 게 어렵잖아요.

그래서 더 힘들어요.

옮겨도 또 실망하거든요.

벌써 세 번째예요.

미안해요.

그 말에서 나도 자유롭지 못해요.
대신 사과하는 게 아니라
말할 수 없이 미안해서 그래요.

지금 우리 둘이 말하는 중이니까
조심스럽게 부탁하고 싶은 게 있어요.
목사에게 너무 기대하지 마세요.
좋은 거 아니에요.
기대감은 어떤 방식으로든 목사를 파괴해요.

사람들이 기대하면
반응은 둘 중 하나예요.
기대감에 도취되거나 부응하거나.

도취한 사람은 들떠있어요.
도취에서 못 빠져나와요.
부응하는 사람은 비참해집니다.
기준에 도달하려고 애쓰거든요.
나도 시간 낭비 많이 했어요.
들뜨다 비참해지고, 비참하다 들뜨고….

목사라고 다르지 않습니다.
잘 기능하게 도와주세요.
기대하면 실망해요.
우리도 다 같은 사람이에요.

말로 관심 표현하고 싶을 때마다
참아주세요.
말로 표현하면 부작용이 있어요.

나는 개척 운동하는 교회에서 사역했어요.
개척에 동참하고 싶은 성도들이 있지요.
함께 사역하다 보면
아주 가끔 성도들이 말할 때가 있어요.

"목사님 개척하면 따라갈 거예요."
듣기는 좋지요.
그다음 뭐가 남나요.
아무것도 없어요.
부담만 남아요.

그 마음은 알겠어요. 고마워요.
하지만 그런 말은 하지 마세요.
누가 누구를 따라가나요.
우리가 따라야 하는 존재는
단 한 분, 예수 그리스도밖에 없어요.

성도가 목사 따르면 실망해요.
성도가 주님 따르면 성장해요.

나도 목사니까 조심스럽게 말할게요.
목사의 제자가 되면 안 됩니다.
주님의 제자가 되어주세요.

좋은 목자를 만나서
좋은 양이 될 수 있거든
좋은 목자를 찾아 떠나세요.

목자 여럿 만나도
좋은 양이 될 수 없거든
참 목자를 만나세요.

참 목자는
우리 구주 예수 그리스도,
바로 그분입니다.

조금만
쉬고 싶어요

교회는 언제나 바빠요.
봉사하는 사람이 부족하죠.
주보에 사람 구하는 광고가
매주 빠지지 않아요.
그러다 보니 헌신된 사람은
목사만큼 바빠집니다.

주일에 봉사하다가
목사보다 늦게
집에 가는 사람도 있어요.

'이게 맞나, 그만할까…'

이래저래 생각하다
받은 은혜가 떠올라요.
감사한 게 더 많으니까
계속하기로 결심하지요.

잠깐만요.
너무 힘들면 잠깐 쉬어도 돼요.

어, 정말요?
막상 쉬면 조금 불편해지던데….

알아요.
그래도 힘들면 쉬어야죠.
당장 그만두라는 말이 아니에요.
억지로 버티지 말라는 겁니다.

교회 일 거절해도
하나님을 거절하는 건 아니거든요.
교회 일 잘한다고
하나님께 인정받는 것도 아니고요.

사람들이 부탁한 봉사와
하나님 말씀에 순종하는 삶은
비슷해 보여도 다른 거예요.

교회 일 한 가지만 하는 사람은 드물어요.
일단 시작하면 사람들 눈에 띄어서
여기저기 불려 다녀요.
탈진하는 순간이 와요.
의지로 버티는 순간이 오죠.

"조금만 쉬고 싶어요."
그 말 한마디 못해서 참고 참다가
조용히 교회를 떠난 사람 많이 봤어요.
하나님께서 얼마나 마음 아프실까요.

남 이야기만 할 수 있나요.
나도 고민 많았어요.
내가 목사라서
직업으로 열심히 하는 건지,
주님을 사랑해서 순종으로 열심히 하는 건지.

신학을 시작하는 순간부터
교회 일이 내 직업이 되었으니까요.
내가 아무리 교회 일을 열심히 해도
사람들은 생각했을 거예요.

'목사니까 그렇지.'
당연한 거죠.
내 직업이잖아요.

반대로, 교회 일을 대충 했으면
어떻게 되었을까요.
'목사가 왜 저래?'
그러지 않았을까요.

분명히 알고 싶다고
목회를 그만둘 수는 없잖아요.
그대로 살았죠.

직업인지 봉사인지
구분되지 않은 채로

그냥 열심히 했습니다.

어쩌다 보니 남들과
다른 길을 가게 되었지요.
더 이상 교회 일을 안 하니까
안 보이던 게 보이더라고요.

교회 건물, 행정, 사람
다 교회죠.
평범한 건물이 교회라고
불리는 이유는 당신이 교회이기 때문이에요.

자, 그럼 나는 묻고 싶어요.

당신을 위한 봉사는
열심히 하고 있나요?
당신이 예배에 집중하도록
자신을 잘 돕고 섬기나요?
다른 사람에게 복음을 들려주듯
자신에게 복음을 들려주고 있나요?

그렇다면 다행이에요.
나는 그러지 못했어요. 너무 바빠서.

자신을 돌보면서
교회를 돌봐주세요.
교회를 돌보면서
자신을 돌봐주세요.
그래야 당신도 살고,
교회도 삽니다.

걱정 마세요.
하나님이 기뻐하십니다.

아, 그리고 하나 더,
마음에 부담이 돼서
교회 일을 전혀 하지 않는 분에게는
조심스럽게 부탁드리고 싶어요.

부담되지 않는
작은 일 하나만 맡아주세요.

고객이 아닌 성도가 될 때
돌봄을 배울 수 있습니다.
다른 사람을 돌보는 법을 배우면
자신을 더 잘 돌볼 수 있답니다.

걱정 마세요.
하나님이 도와주십니다.

내 믿음이
형편없어요

내 믿음이 형편없어요.

어떻게 하죠?

하나님 앞에 부끄러워

나아갈 수가 없어요.

아무리 노력해도

믿음이 제자리에 있으니 괴로워요.

믿지 못해 괴롭고,

믿고 싶어 괴롭다면

그건 믿음이에요.

당신의 믿음을

싸구려 취급하지 말아주세요.

사람들은 믿음에
레벨이 있는 것처럼 말해요.
진실이 아니에요.
믿음에는 레벨이 없어요.
믿음이 있든 없든, 둘 중 하나예요.

문제에 집중하면 불안해져요.
감기가 낫느냐, 암이 낫느냐.
1억을 갚느냐, 10억을 갚느냐.

암보다는 감기를 고치기 쉽고
10억보다는 1억을 갚기 쉬우니까,
암이나 10억을 놓고 기도하는 사람에게
더 큰 믿음이 필요하다고 생각해요.

다시 말하지만, 진실이 아닙니다.

믿음의 대상을 분명히 하기 바랍니다.
문제에 집중하면 불안해서
더 믿으려고 발버둥쳐요.

문제 너머에 계시는
하나님을 믿어봐요, 우리.

감기와 암, 10억과 1억.
하나님은 차이를 느끼지 못하세요.

예수님이 이방 여인에게 말씀하셨죠.
"네 믿음이 크도다."
예수님은 믿음의 크기에
놀라신 게 아니에요.
믿을 수 없는 사람이
믿을 수 없는 상황에서 믿으니까
감격하신 거예요.

얼마나 잘 믿느냐,
그만 고민하세요.
무엇을 믿느냐,
고민하세요.

문제 해결을 믿으시나요?
하나님을 믿으시나요?

문제가 해결되지 않아도
감사할 수 있는 방법은
문제 너머에 계시는
하나님을 믿는 것뿐입니다.

계속 고통받아요,
우리는

내가 더 잘 믿으면 이런 일은 없을 텐데….

'이런 일'은 어떤 일을 말하는 건가요?

더 이상 이런 문제로 고통받지 않을 텐데….

아, 그 뜻이군요,
그건 진실이 아니에요.

진실을 말할게요.
계속 고통받아요, 우리는.
이 세상에 사는 동안.

어, 아닌데.
다른 사람은 잘 믿으니 잘되던데….

가까이 가서 자세히 보세요.
남의 인생 대충 둘러보고
쉽게 평가하지 마세요.
모두 고통받으며 삽니다.

그럼, 뭐하러 하나님을 믿나요?
어차피 고통받으며 산다면.

복음의 본질은 문제 해결이 아니에요.
복음의 본질은 관계 회복이에요.

왜곡된 관계가 온전한 관계가 되는 겁니다.
예수님은 왜곡된 관계를
회복시켜주셨어요.

하나님과 우리 사이
끊어진 관계를 이어주신 거죠.

그리스도를 통해 우리는
하나님의 사랑을 누릴 수 있어요.

진짜 문제는 따로 있어요.
주변에서 뭐라 하든, 성경에서 뭐라 하든
하나님의 사랑을 느끼지 못한다는 거죠.

스스로를 고립시키고 끊임없이 물어요.
'왜 나만 이런 거지….'
아니에요, 우리 모두 그래요.

나라고 다르겠어요?
매일 고통받아요.

문제 해결에 집착하면
우리는 빠르게 고갈돼요.
문제 해결에 전전긍긍하며
믿음을 낭비하지 마세요.
미안하지만, 고통은 사라지지 않아요.
피하려 하면 더 고통스럽습니다.

하나님은 예수님을
고통 속에서 꺼내주시지 않았어요.
도와주시지 않고 고통의 잔을 마시게 하셨지요.
예수님이 고통의 잔을 피하셨다면
우린 어떻게 되었을까요?
하나님께는 하나님만의 방식이 있어요.

고통 한가운데서 의미를 찾아내세요.
의미를 찾는 사람은 성장할 수 있지요.

의미를 발견하면
고통은 더 이상 고통이 아닙니다.
하나님을 기뻐하고 즐거워할 수 있지요.

말도 안 돼.
어떻게 고통 속에서 기뻐해?
결국 뻔한 소리 하네.
뭔가 다를 줄 알았더니.

맞아요, 고통 속에서 기뻐하기 어려워요.

하지만 항상 기뻐한다는 건
물리적인 시간이 아니에요.

24시간 기뻐하는 사람은
병원에 가야 해요.
말도 안 되는 기준을 세워놓고
스스로를 정죄하지 마세요.

아침에 잠깐 주님을 찾고,
종일 분주할 수 있습니다.
절망할 필요 없어요.
하나님은 쉬는 시간이 없으시니까.

당신이 하나님을 찾지 못하더라도
하나님은 당신을 찾아내실 거예요.
하나님 한 분만으로
영원토록 기뻐하는 것.
당신과 내가 이 세상에 존재하는
이유이자 목적입니다.

생각보다
오래 걸릴 거야

목사님, 사실 제가 떳떳하지 못해요.
안 좋은 습관이 있거든요.
끊어야 하는데 아직 못 끊었어요.

죄책감이 심해요.
순종하면 달라질까 싶어
몇 번 시도해봤는데
계속 실패하네요.

예배 시간에 앉아있기 힘들었어요.
다른 사람 모두가 편하게 듣는 말을
편히 들을 수 없었거든요.

낙오자 같은 느낌이 들었어요.
그래서 교회를 떠났어요.
'이대로는 안 되겠어.
고치고 다시 오자' 마음먹었죠.

혼자 고민하다 용기를 내서 말했어요.
친구가 말하더군요.
"그렇게 자꾸 미루면 안 돼.
마음 단단히 먹고 끊어.
계속 그렇게 변명하지 마.
하나님이 참는 것도 한두 번이야."

마음이 아팠어요.
무슨 말을 해야 할지 모르겠더라고요.
집에 와서 알게 되었어요.
내가 무슨 말을 하고 싶었는지.

"나도 알아. 몰라서 그러는 거 아니야.
그래서 어떻게 하라고.
나도 끊고 싶다고 했잖아.

쉽게 안 된다고 말한 거야, 이 바보야!"

어려운 주제를 가져오셨네요.
쉽게 대답하기 어려워요.
솔직히 이야기해준 덕분에
당신의 진심은 알았어요.

교회를 떠났다는 게
걱정되고 불안하기는 해요.
다시 돌아가기로 한 거니까
조급하게 굴지는 않을게요.

대신 부탁이 있어요.
예수님은 떠나지 말아주세요.
예수님과 함께 있어주세요.

부모님에게 인정받고 싶어서
집 나가 성공하겠다는
계획은 실패할 거예요, 아마.
자식 걱정에 처마밑에 앉아

먼 산 바라보는 부모님 모습은
보이지 않을 테니까.

사람 생각하지 마세요.
교회 생각하지 마세요.
오직 예수님만 생각하세요.
그분만이 당신의 진심을 알아요.
당신의 진심을 전하세요.

진심을 전했나요?
잘했어요.
이제 용기를 내서
있는 모습 그대로 나아가세요.

발이 떨어지지 않을 거예요.
제가 도와드릴게요.
한 걸음 떼세요.
조금만 가까이 가요, 우리.
가까이 가면 볼 수 있습니다.

당신을 바라보며
따뜻하게 웃으시는 예수님 얼굴.
그분이 당신을 안아주며 말씀하세요.

"애야, 조급할 필요 없단다.
나는 기다릴 수 있어.
생각보다 오래 걸릴 거야.
자책하지 말렴.
나는 너를 사랑한단다."

올해 나이가 어떻게 되시죠?
아, 그렇군요.
오늘 다시 태어난 걸로 하죠.
지난 30년 동안 상처받고 살았으니까
오늘부터 당신에게 그만큼 시간을 주세요.
상처받으며 살아온 만큼
아무는 데도 시간이 걸립니다.

나도 마음속에 달력이 있어요.
조급하지 않을 거예요.

비난하지 않고 자책하지 않고
나를 돌봐줄 거예요.

떨리는 손으로
달력을 한 장 한 장 찢어 넘기며
나는 기도합니다.

달력 뒤에서 벽을 만나 절망하기 전에
예수님이 먼저 오시기를.
지친 이 삶을 뒤로하고
주님 품에 안겨 안식하기를.

예수님만
바라본다는 말

예수님만 바라보는 삶,
적지 않은 사람이 오해합니다.
예수님을 바라보자고 하면
예수님을 보려고 노력해요.
그분 모습을 떠올리려고 애씁니다.

커다란 스크린에
예수님이 고난 받으시는
장면이라도 틀어주면
주체할 수 없는 눈물이 흐릅니다.
혼자 기도할 때 예수님 이미지가 떠오르면
감격이 밀려오지요.

시간이 갈수록 예수님 이미지는
더 나은 이미지로 교체됩니다.
어릴 때 봤던 예수님 얼굴보다
지금 예수님 얼굴이 더 낫습니다.

아쉽게도 예수님 얼굴을
실제로 본 사람은 이 세상에
한 명도 남아있지 않아요.

"예수님을 바라보자."
"예수님을 보자."
두 문장이 같다고 생각해서
발생한 오해입니다.
이것은 같은 뜻이 아닙니다.

예수님 이미지를 떠올리려 할수록
우리는 약해집니다.
예수님 이미지가 효력이 약하기 때문이지요.
예수님 이미지는 허구에 불과합니다.
유명 영화배우의 얼굴이나

어느 화가의 작품이겠지요.

예수님을 바라본다는 건
그 얼굴을 바라보는 게 아니라
예수님 말씀을 바라보는 겁니다.
눈보다는 귀를 사용해야 합니다.
귀보다는 마음을 사용해야 합니다.

예수님 얼굴을 떠올리지 말고
예수님 말씀을 떠올리십시오.
예수님에 대한 말씀,
예수님이 하신 말씀.
성경 전부를 뜻합니다.
모든 구절을 뜻합니다.

치유하는 능력은
예수님 얼굴이 아니라
예수님 말씀에서 나타납니다.

예수님이
멀게 느껴져요

예수님만 바라보라고 하잖아요.
나는 그 말이 뭔지 몰라요.
예수님이 친밀하지 않아요.
멀게만 느껴질 뿐.

사람들과 기도하면서 같이 울잖아요.
같이 울어도 똑같이 우는 게 아니에요.
내 눈물은 성분이 달라요.
감사해서 흘리는 눈물이 아니라
서러워서 흘리는 눈물이에요.

'왜 나를 만들었지?

왜 나만 차별하지?'
서럽고 외로워서 눈물만 흘러요.
어떻게 해야 주님을 만날 수 있나요?
방법을 알고 싶어요.

상투적인 말부터 해야겠네요.
지루하더라도 참고 들어주세요.
듣다 보면 남는 게 있을 거예요.

데이트해보셨지요?
상대방을 알아가는 과정이 있어요.
누군지 알아야 해요.
그 사람이 했던 말과 행동.
그의 태도와 감정.
알면 알수록 좋아요.

친구들을 만나보는 것도 좋겠죠.
다른 사람들이 그에 대해
뭐라고 말하나 들어봐야죠.

주변 사람들이 하나같이
엄지손가락을 치켜세운다면
좋은 사람이란 뜻이죠.

결혼을 전제로 만난다면 더욱 신중해야겠죠.
섣불리 결론 내리면 안 돼요.
따질 건 전부 따져봐야죠.

예수님도 마찬가지입니다.
신랑을 고르는 것과 비슷해요.
많이 알면 알수록 좋아요.
따질 건 전부 따져보세요.

예수님이 하신 말씀,
예수님에 대한 말
모두 성경에 있어요.
신중하게 읽고 생각하세요.

예수님에 대해 알았다고 해서
바로 믿어지는 건 아니에요.

예수님을 주님으로 고백하려면
성령님의 도움이 필요해요.

마른 장작에 불을 붙여야죠.
그래야 활활 타오르니까요.
성령님이 불을 붙여주시면
고백할 수 있습니다.
"주는 그리스도시요
살아계신 하나님의 아들입니다"라고.

나는 어떻게 예수님을 믿게 되었을까요?
설명하기 힘들어요.
어느 날, 예수님이 찾아와주셨어요.

나도 혼자라고 생각했어요.
아무도 날 지켜주지 않았으니까요.
'저러다 애 죽겠다' 싶으니까
급하게 찾아오셨나 봐요.
조금만 늦게 오셨어도
나는 세상에 없었어요.

간신히 살았습니다. 정말로.

바로 질문하겠죠.
"왜 내게는 안 오시나요?
나도 믿고 싶은데….
사람 차별하는 것도 아니고."

혼자라고 느끼면 아무것도 보이지 않아요.
예수님은 차별하지 않으세요.
예수님은 당신 곁에 오셨어요.
당신도 혼자가 아니에요.

당신이 내 앞에서
혼자라고 말하면서 우는데
이상하게 나는 불안하지 않아요.
이제야 알 것 같아요, 당신의 진심을.

당신은 그리워하고 있어요.
예수님과 친밀했던 그 시절을.
한 번도 만난 적 없는 것처럼 말해서

정말 그런 줄 알았어요.

내가 잘못 알아들었어요.

당신은 주님의 따뜻한 품이 그리운 거예요.

처음부터 당신의 마음을 알았다면

길게 말하지 않았을 거예요.

내가 무뎠어요.

이제 알았으니 부탁할게요.

조급할 필요 없어요.

기다려주세요, 주님이 다시 만나주실 거예요.

옛사랑을 그리워하는

당신이 아니라,

오늘 주신 사랑으로

설레는 당신이 되기를

나는 바랍니다.

나 같은 실수는
하지 마세요

이 사람은 이 말 하고,
저 사람은 저 말 하니,
갈피를 못 잡겠어요.
무엇이 옳은 선택일까요?
분명하게 알았으면 좋겠어요.

누구에게 물었나요?

중요한 사람들,
사랑하는 사람들이요.

도움 되던가요?

헷갈려요.

저마다 서로 다른 말을 해요.

사랑하는 사람한테 더 상처받았어요.

당연히 그렇죠.

사람들은 말해요.

아무렇지도 않은 듯이.

"너를 위해 해주는 말이야."

아니요, 자기가 답답해서 그렇겠죠.

"너 생각해서 하는 말인데….."

아니요, 자기 입장에서 하는 말이겠죠.

큰 기대 마세요.

당신은 오래 고민했는데

그 사람은 즉시 생각하고 말하잖아요.

원하는 답을 얻을까요?

그렇지 않아요.

그 사람은 당신보다 당신을 몰라요.

그럼, 자신을 믿으라는 말인가요?

아니요, 내가 하고 싶은 말은 따로 있어요.
하나님을 믿으세요.
나는 내 선택이 아직도 올바른지 모르겠어요.
'나는 믿음으로 이 길을 간다.'
이것도 아닌 것 같아요.

"사람 의지하지 말고, 교회 의지하지 말고,
의연하게 네 길을 가라.
그러면 하나님이 책임지신다."

만약 내가 이 말을 한다면
나는 망가질 대로 망가진 걸 거예요.
다른 사람은 몰라도
나는 이런 말 하면 안 돼요.
실수했을지도 모릅니다.
어리석은 선택을 한 거죠.

좋은 길, 있었어요.
적어도 먹고사는 걱정은
덜 할 수 있었지요.

그걸 박차고 나오다니,
뭐 그리 대단한 일을 하겠다고….
나 같은 실수는 하지 마세요.
장밋빛 인생, 없어요.

아, 빨리 말해주지.
나 이미 선택했는데.

괜찮아요, 걱정 말아요.
인생에 답은 없습니다.
하나님께 답이 있어요.

인생에는 수많은 문이 있어요.
종류도, 크기도, 색깔도 다릅니다.
문 하나 잘 열면 성공할 것 같고
문 하나 잘못 열면 실패할 것 같지요.

그 문 열어보세요.
또 문이 있어요.
또 그 문 열어보세요.

또 다른 문이 있어요.
끝없이 문이 있다면 멈춰 서서 생각해봐요, 우리.

'어떤 문을 여느냐'는 중요하지 않아요.
'어떤 마음으로 문을 여느냐'가 중요해요.

중간중간 잘못된 문을 열어도
목적지까지 안전하게
도착할 수 있다는 믿음이 있으면
문을 열까 말까 고민하면서
시간을 낭비하지 않아요.
과감하게 손잡이를 비틀어 열죠.
결국 목적지에 도착할 테니까.

가끔 예상하지 못한 일도 있죠.
문 너머 문이 있을 줄 알았지,
절벽인지는 나도 몰랐거든요.
떨어져 죽는 줄 알고 울고불고 했는데
그물도 있고, 사다리도 있고, 죽지는 않더라고요.
죽으란 법 없어요, 하나님의 은혜가 있죠.

나는 분명히 실수했어요.
돌이킬 수 없어요, 이제는.
기분 어떠냐고요?
좋아요. 나쁠 것 없어요.

내가 실수했다고
내가 실수는 아니잖아요.
내 존재가 실수가 아닌데
절망할 필요 없지요.
내가 실수했을지라도
내 존재 가치는 변하지 않아요.

편안하게 문을 여세요.
잘못된 문이든 낭떠러지든
우린 결국 목적지에 도착할 테니까.

2부

내 상처 돌보기

나를 돌보는 시간

나 정말
왜 이럴까?

하나님은 언제나 변함없으신 분 맞죠?

어제나 오늘이나 내일이나.

나는 왜 매일 다르게 느껴지나요.

"하나님"이라고 부르면 좋은데,

"하나님 아버지"라고 부르면 화나요.

하나님께 미안하고

아버지에게 미안해요.

'나 잘 믿고 있나?

나 상처 있나?

나 왜 이럴까?'

뭐가 잘못된 건가요.

나도 그래요.
당신만 그런 거 아니에요.
나는요, 바보같이
하나님께 도와달라는 말을 못해요.
말하고 싶은데 자꾸 자책이 돼요.

'너 최선 다했니? 죽도록 노력했니?'

처음에는 이유를 몰랐어요.
결국 알게 되었죠.
나는 아버지에게도 도와달라는
말을 못했어요.
부모님이 많이 힘들어하셨거든요.
내가 도와달라고 말할 수 없을 정도로.

어릴 때는 장난감 사달라고
떼도 쓰고 그랬겠죠.
철들고 나서는 말을 못했어요.

학교에서 돈 내라는 게 있어도
말을 못했어요.
부모님을 돕지는 못할망정 도와달라니요.
그래서 스스로 해결했어요.

걱정 말라고, 나 할 수 있다고
항상 말했지요.
"뉘 집 자식인데 그렇게 잘 컸냐!
부모님 어떤 분이냐?"
가끔 그런 말 들으면 좋았어요.
효도하는 기분이었지요.

'아버지는 아버지고,
하나님은 하나님이지
서로 무슨 상관이지?'

나도 상관없으면 좋겠는데
난 왜 이럴까요.
아직도 하나님께
도와달라고 말하기가 힘들어요.

'하나님, 저 사람 도와주세요.'
기도 잘해요.
말이 술술 나와요.

'하나님, 나 좀 도와주세요.'
기도 못해요.
말이 턱턱 막혀요.
도와달라는 말은 안 나오고
눈물만 흘러요.
언젠가 내 문제가 해결되면
당신에게도 알려줄게요.

그나저나 하나님께 도와달라는 말을
안 하고 어떻게 사나요.

나 안 힘들어요.
내 마음을 전해요.
나 그렇다고.
그냥 그렇다고.

하나님도 아실 거예요.
내가 얼마나 답답한지.
도와달라는 말 못한다고
안 도와주시는 건 아니에요.
다 도와주셨어요.
말 못하고 바보처럼 우니까
불쌍하지 않았을까요.

생각해보니까 사람한테도 그래요.
도와달라는 말을 못했어요.
목회하는 내내 그랬죠.

목사가 혼자 사역 못하잖아요.
도와달라는 말을 많이 해야 되는데
그 말 한마디 못해서
종이 자르고 풀칠하고 붙이고
혼자 다 했어요.

나중에는 사람들이 알아요.
'아, 이 사람은 도와달라고 말을 못하는구나.'

내 마음 알아주고
도와주는 사람들이 생겼습니다.
지금도 생각하면 눈물 나요.
나 같은 사람과 사역해준 사람들.

나 못난 것, 사람들도 알고 도와줬는데
하나님이 모르실까요?
그럴 리 없죠.

당신 힘들다고 말했는데
나 못난 거 말해서 미안해요.
하나님이 그 마음 아신다고,
아실 거라고 말하고 싶었어요.

하나님. 하나님 아버지.
같은 하나님이길 바라요.
함께 기도할게요.
당신을 도와달라는 말은
편하게 할 수 있으니까.

내 말 들어줄 사람,
아무도 없어요

아무도 없네요.

말할 사람이 없어요.

어릴 적부터 그랬어요.

아빠도 엄마도 내 말을 들어주지 않았죠.

난 내가 왜 고통받는지 알아요.

외로워서 그래요.

그렇군요, 묻고 싶어요.

만약 모든 고통이 사라진다면

당신은 어떤 삶을 살게 될까요.

몰라요. 나는.

생각해본 적 없어서.

고통이 익숙해지면
고통이 삶이 됩니다.
무엇을 원하는지 모르면
원하는 대로 살 수 없어요.
상점에서 물건을 고르듯
원하는 걸 말하라는 게 아니에요.

당신의 삶에서 오래전에
희망이 사라져버렸다고
말하고 싶었어요.
희망을 말하려 할 때마다
말문이 막히는 당신이 답답해 보여요.

오래전에 혀가 굳어
말 못하는 사람이 있었어요.
입에서 소리는 났지만
무슨 소리인지 모르니
옆 사람이 통역을 해줘야 했죠.

소리를 못 내서일까요.
그의 귀가 막혀버렸어요.
입과 귀가 막힌 그는
절망으로 고통받았죠.

그러던 어느 날, 그는 예수님을 만났어요.
예수님은 그의 귀에 손가락을 넣고
그의 혀에 손을 대시며 말씀하셨죠.

"에바다, 열려라!"

그의 귀가 열리고 혀가 풀렸어요.
예수님의 말씀으로 치유되었어요.

신기하게도 성경에는 귀가 열렸다는
표현이 맨 앞에 나와요.
귀가 열리고, 혀가 풀리고 말이 나왔죠.

나는 당신의 입보다
귀가 먼저 열리기를 바라요.
귀가 열리면
당신은 들을 수 있어요.
그분의 말씀을.

'너는 혼자가 아니야.
나는 너와 함께 있어.
언제나 그랬단다.'

당신은 말할 사람이 없어 슬프지만
그분은 듣는 사람이 없어 슬프답니다.

당신이 들을 수 있다면
말할 수도 있을 거예요.
당신이 원하는 것을.
그분이 원하는 것을.

당신,
어디 있나요?

어디 있나요, 살아있나요.

아무리 찾아도 보이지 않아요.

글자 속에 있군요.

동화처럼.

나도 남들처럼 만나고 싶어요.

배운 대로 했는데 소용없어요.

하늘에 있을까?

안구에 하얀 먼지 내려앉아도.

땅에 있을까?

눈물이 망막을 잡아당겨도.

없어요, 당신은.
절대로 없겠죠.
나타나세요, 어디 있나요?

그분을 찾고 있군요.
나도 그랬죠.
저기 계시나, 여기 계시나.
말똥말똥 눈으로 못 봐요.

두근두근 마음으로 보여요.
어디 계시나 찾지 마세요.
그분이 계시니, 여기 계세요.

기록된 말씀, 그분의 계시啓示.
보고 싶은 만큼 볼 수 없어요.
보여주신 만큼 보여요.

먼지 후후 불어내고 가죽 표지 들춰보세요.
그분은 온 세상에 계시지만
그분의 말씀은 그 안에 있어요.

말씀으로 그분을 봅니다.
말씀으로 나를 봅니다.
나를 보면 그분이 보이고
그분을 보면 내가 보여요.

말씀을 펼치세요.
말씀을 읽으세요.

바람이 불면 마음이 뜨입니다.
언젠가 보게 될 겁니다.
그분이 여기 우리와 함께 계심을.

하나님이
해결해주셔야죠

하나님이 해결해주셔야죠.

나도 그러기를 바랍니다.
하지만 당신 얼굴이
왜 이리 슬퍼 보일까요.
못다 한 이야기가 있군요.
하나님께 서운한가요?

네, 그래요.
이제 할 수 있는 게 없어요.
아무리 기도해도
상황이 좋아지지 않으니까요.

하나님이 도와주셔야 해요.
나는 더 이상 못하겠어요.

당신이 내게 한 말,
언뜻 보면 믿음 같지만
자세히 살피면 절망입니다.

'내 환경이, 저 사람이
바뀌지 않을 거야, 절대로.'

당신의 문제가 풀리기 전에,
당신의 마음이 풀리기를
나는 바랍니다.

믿음과 절망은
종이 한 장 차이입니다.

마음이 엉키면 절망입니다.
마음이 풀리면 믿음입니다.

눈물이 강을 이루고,
탄식이 산을 이룰지라도
마음이 엉키면 낙원이 아닙니다.

강 없고, 산 없어도
얼어붙은 땅이 풀리고
작은 겨자씨 하나 피어나면
그곳은 낙원입니다.

나는 기도합니다.
나는 소망합니다.
당신 마음이 풀어지기를.
당신 마음이 낙원 되기를.

너 주님 사랑하는 거
맞아?

예수 믿는데 내 인생 왜 이런가요.
불행하고, 우울하고, 힘들어요.

예수님 사랑하세요?

네?

예수님 사랑하시냐고요.

네….

내가 볼 때는 아닌데….

그 정도로는 안 돼요.

그러면 어떻게 하죠?
알려주세요.

더 사랑해야죠.
예수님 사랑하는 거 정말 맞나요?

사실 잘 모르겠어요.

거봐요, 확신이 없는데
어떻게 행복하겠어요.
목숨 다해 주님만 사랑하세요.
주님만 사랑하면 다 해결되는데
주님을 사랑하지 않으니까 괴로운 거예요.

옆에서 지켜보려니
내 마음이 괴로워요.

나는 당신과 생각이 다릅니다.

주님 사랑하자는 말에는 동의하지만,
확신이 부족하다는 말에는
동의할 수 없어요.

아니, 그럼 예수님 사랑 안 합니까?
확신 없이 천국 갑니까?

나는 당신처럼 강한 확신은 없지만,
당신이 부럽지 않아요.
내가 불안한 건 맞습니다.
솔직히 나는 내가 너무 불안합니다.

나는 정말
주님을 사랑하는 사람일까요?
확신이 서지 않아요.
주님을 사랑한다면
이래서는 안 되죠.

나는 알고 있어요.
내가 얼마나 형편없는지.
내가 실수해서 고통받는 건지,
나를 사랑해서 고통을 주시는 건지
아직도 모르겠습니다.

정확한 판별법이 있으면
내게 알려주세요.
나도 고통에서 벗어나고 싶어요.

그런 확신도 없이 무슨 목사라고…….

당신 말이 맞습니다.
하지만 나도 당신만큼
주님을 사랑해요.
당신만큼 확신하지 못해서 미안해요.
당신이 확신하는 동안
나는 계속 불안할 거예요, 아마.

생각나는 사람들이 있어요.
확신했던 사람들.
베드로는 확신했어요.
"다른 사람은 몰라도
나는 주님을 부인하지 않겠다"라고.

도마는 확신했어요.
"내가 손가락으로 예수님 옆구리를
후벼보기 전까지는 믿지 않겠다"라고.

바울은 확신했어요.
"하나님의 이름을 모욕되게 하는
그리스도인을 내가 모조리 잡아 처넣겠다"라고.

내가 확신 없어도
행복한 이유, 알려드릴까요.
나는 내가 얼마나 주님 사랑하는지
별로 고민 안 합니다.
생각할수록 좌절되니까요.

내가 주님을 얼마나 사랑해야
나도 안심되고
주님도 만족하실까요.
어려워요.

다르게 생각하기로 했어요.
'주님이 날 얼마나 사랑하시는지'
하루 종일 생각해요.
생각할수록 행복하거든요.
너무 너무 행복해요.

내가 주님을 사랑하면
얼마나 사랑하겠어요.
주님이 날 사랑하시는 것에 비하면
공중에 떠다니는 먼지 같지요.
당신하고 나하고 누가 더 주님 사랑하는지
따져봤자 도토리 키재기입니다.

당신이 이겼다고 해줄게요.
그래도 난 손해 볼게 없어요.

당신과 나,
주님은 차별 없이 사랑해주시니까요.

'내가 얼마나 주님을 사랑하는가'에
집중하지 말고
'주님이 날 얼마나 사랑하시는가'에
집중하세요.

내가 불안해도 행복한 이유,
이제 아시겠죠.
계속 고민하세요.
나 주님 사랑하나, 나 믿음 있나.
그게 사랑이고 믿음이니까요.

결핍의 또 다른 얼굴,
우상

예수님보다 사랑하는 대상이 있다면
그건 우상입니다.
맞습니다, 우상은 모든 것입니다.

하지만 나는 사람들이
우상을 대하는 방식에
의문을 갖고 있어요.

사람들은 예수님보다
더 사랑하는 대상이 눈앞에 있으면
바로 고개를 돌려버립니다.
자세히 살피지 않지요.

무시하고 거리를 두려고 합니다.
죄책감 때문일 겁니다.
'우상'이란 말을 듣기만 해도
죄책감이 밀려오니까요.

나는 우상에게 더 가까이 가보라고
말하고 싶습니다.
적을 분명히 알아야 합니다.
제대로 알아야 이길 수 있지요.

질문해보세요.
'왜 그 우상을 섬기게 되었을까?
나는 왜 예수님보다 다른 것을 사랑하는가?'
그 안에는 결핍이 있습니다.
결핍을 다른 것으로 채우려 했던 거지요.

자신 안의 결핍을 직면하기 전에
고개를 돌리면 안 됩니다.
우상을 자세히 살펴야 합니다.
그래야 다시 우상에게 굴복하지 않습니다.

결핍을 정확히 모르면
똑같은 우상이 계속 다른 색 옷을 갈아입고
평생 당신을 쫓아옵니다.

위장술에 속아서 우상을 못 알아보면
평생 괴롭힘 당하지요.
계속 같은 녀석에게 고통받기 싫다면
그 녀석 얼굴을 제대로 기억해야 합니다.

나는 생존해야 한다는 강박이 심합니다.
내 안에 자리잡은 결핍이지요.

'아무도 날 지켜주지 않아.
내 인생은 내가 책임진다.'

나는 성취를 숭배했습니다.
자극적이고 매력이 있었지요.
사명으로 포장되니
속도가 붙고 성능이 좋아졌습니다.

믿음으로 도전하는 삶을 산다고
스스로를 위로했습니다.
도전하고 이루고, 또 도전하고 이루었지요.

남들이 불가능하다고 말하면
나는 전율을 느꼈습니다.
군침이 돌았습니다.
이루어서 보여주고 싶었으니까요.
나는 중독되었고, 망가지기 시작했어요.
나는 내가 숭배하던 실체와
마주하게 되었지요.

소름 끼치고 무서웠습니다.
도망치고 싶었지만 더 가까이 다가갔지요.
드디어 그 녀석의 얼굴을 보았어요.

검을 꺼내 그 심장에
박아주고 싶었습니다.
그 녀석을 숭배하는 동안
너무나 고통스러웠으니까요.

그 녀석을 제거하진 못했습니다.
하지만 난 이제 압니다.
그 녀석 얼굴을.
아무리 변장하고 찾아와도
나는 분명히 알아볼 수 있어요.

당신도 자세히 살펴야 합니다.
당신 안의 결핍을.
교묘히 찾아와 더러운 손으로
당신 안의 결핍을 어루만지는 우상을
물리쳐야 합니다.

오직 주님만이
당신의 결핍을 채울 수 있습니다.
자신 안의 결핍을 직면하고
그것을 주님으로 채우는 것,
이것이 우상을 대하는 더 나은 방법입니다.

당신은
좋은 부모인가요?

당신은 좋은 부모인가요?

네, 물론이죠.
나는 좋은 부모입니다.

두 번 자녀를 키워도
이렇게 못 키워요.
우리 애들 부족한 것 없어요.
나는 얼마나 어렵게 컸는데….

내가 해줄 말이 별로 없네요.
그럼, 안녕히.

당신은요?
당신은 좋은 부모인가요.

아니요.
나는 좋은 부모가 아니에요.
애들한테 미안해요.
못 해준 게 너무 많아요.
나 같은 부모 만나서
우리 애들은 고생 많이 했어요.

그렇군요.

대화 좀 할까요, 우리?
당신은 좋은 부모일지도 몰라요.
한 가지만 조심한다면.

그건 뭔가요?

죄책감입니다.
죄책감이 자녀를 망칠 수 있어요.

자녀 앞에서
당당한 사람은 불안해 보여요.
자신감 없는 게 오히려 다행이에요.
당당한 부모를 만난 적이 있어요.
그들에게는 주눅 든 자녀가 있었어요.

"나는 최선 다한다.
넌 이게 뭐냐, 왜 노력을 안 하냐,
결과가 이게 뭐냐?"

자녀는 고개만 푹 숙인 채
아무 말도 못해요.
그런데 참 이상하죠.
정반대의 경우도 있어요.

주눅 든 부모 옆에는
당당한 자녀가 있어요.

"내가 이렇게 된 건 다 부모 때문이야.
내 인생은 망가졌어. 내 멋대로 살 거야."

터무니없는 말을 하고,
그 말을 믿고 살아요.
부모가 죄책감을 느끼는 사이,
자녀는 책임감에서 벗어난 거죠.

부모가 당당하면 자녀가 주눅 들고
부모가 주눅 들면 자녀가 당당하니
어떻게 할까요.

내 부모님은 내게 늘 미안하다고 말해요.
아니라고, 괜찮다고 말해도 소용없어요.
많이 우세요.
난 속상하죠.

나는 진심이에요.
정말 감사합니다.
내 부모님은 내게
예수님을 전해줬어요.
모든 것을 받은 거죠.
예수님을 선물 받았으니까.

아버지가 시골에서 목회할 때
성도 한 명 없었어요.
그때는 정말 몰랐죠.
내게 복음이 전해지고 있다는 사실을.

상처받은 내가
자녀를 잘 키우고 있을까요?
잘 모르겠어요.

언젠가 청년이 된 내 아들과
대화하는 장면을 상상해요.

"아빠, 나 아빠한테 하고 싶은 말 있어.
아빠가 나 사랑하고, 최선을 다했다는 거 알아.
하지만 아빠가 했던 말과 행동이
내게 상처 될 때도 있었어.
솔직히 말하면 나 아빠처럼 살고 싶지 않아.
이해해줄 수 있지, 아빠?
하지만 나… 예수님처럼 살고 싶어."

"그래, 아빠는 괜찮아.
아빠처럼 살지 말고 예수님처럼 살아다오."

속상해야 하는데, 서운해야 하는데.
나는 왜 이렇게 눈물이 나고 행복할까요.
그날을 꿈꾸면서 나는
자녀에게 꾸준히 예수님을 전해요.

'내 상처가 혹시라도
자녀에게 상처가 되지 않을까?'
무섭고 두려울 때마다 예수님께 말해요.
"나 대신 내 자녀들을 잘 키워주세요."

당신과 함께하고 싶어요.
약속해요, 우리.
죄책감이 찾아올 때마다
자녀에게 예수님의 사랑을 전해주기로.

복음이 당신을
치유합니다

온갖 상담 이론은 과정을 탐구합니다.
결론은 저마다 다르지요.
궁극의 해답은 없습니다.

"너도 옳고, 나도 옳다.
자기한테 맞는 것 갖다 쓰면 된다."
상담 이론의 홍수 시대입니다.
물이 많아도 마실 물이 없지요.

말씀을 다루는 사람은
답을 알고 있습니다.
답을 아니까 과정에서 게을러집니다.

"성경에 이렇게 쓰여있다.
무슨 말이 더 필요하냐?"

풀이 과정을 아는 사람에게는
답이 필요합니다.
풀이 과정 한 바닥 쓰고
답이 400개가 넘으면 곤란하지요.

답을 아는 사람에게는
풀이 과정이 필요합니다.
문제가 한 바닥인데
풀이 과정 한 줄 없이
답은 3번이라고 하면,
왜 답이 3번인지 알 길이 없습니다.
답은 맞았는데
이상하게 자신이 없습니다.

나 우울해요.
나 불안해요.

약 드세요.

좋게 생각하세요.

시간 지나면 괜찮아요.

나 우울해요.

나 불안해요.

기도 안 하시죠?

말씀도 안 보시죠?

그러니까 그렇죠.

이런 이야기를 듣고 있으면

나는 답답합니다.

너무 익숙해서 지루해진 복음을

새로운 언어로 말하고 싶습니다.

나는 여전히 실험 중입니다.

바로 나 자신에게.

'복음은 과연 나를 치유하는가?'

나는 오랜 시간 다양한 상담 이론을
내 삶에 적용했어요.
다양한 이론을 내 삶에 적용하면서
깨달았습니다.

복음이야말로 세상 모든 이론보다
뛰어난 처방전이란 사실을.
혼자만 알고 있을 수 없지요.
말하지 않을 수 없습니다.

복음이 당신을 치유합니다.
복음이 궁극의 해답입니다.

"아, 편협하고 배타적이다."
이 말을 하는 사람은
둘 중 하나겠지요.
복음을 알지 못하거나
복음에 관심이 없거나.

당신의 비판을 나는 반박할 수 있습니다.

나는 당신에게 심리학자입니다.

"오직 말씀이지, 무슨 상담 이론이람?"
당신의 비판을 나는 반박할 수 있습니다.
나는 당신에게 신학자입니다.

상담하는 목사,
내게 어울리는 말이 아닙니다.
나는 복음의 사람이고 싶어요.
내 삶을 마치는 그날까지
당신에게 복음을 전하고 싶습니다.
복음만이 당신을 치유하기 때문이지요.

약해도
괜찮은 당신

나 힘들었지만
잘 이겨냈어요.
지금은 괜찮아요.
다 지난 일이에요.
예수 믿고 나아졌어요.
계속 좋아지겠죠.
더 이상 과거의 내가 아니니까요.

나는 새로운 사람이에요.
예전처럼 고통받고 싶지 않아요.
예수님 붙잡고 이겨낼 거예요.

당신의 말에 동의해요.

잘 견뎌줘서 고마워요.

하지만 알고 있나요?

당신 이야기를 말할 때

남의 이야기를 하듯 해요.

나는 왜 당신의 목소리가

슬프게 들릴까요.

조심스럽지만 그냥 말할게요.

당신은 강해질 필요 없어요.

말씀은 당신을 강하게 만들지 않아요.

오히려 의존적으로 만듭니다.

세상에서는

약하고 의존적인 사람을

실패한 사람이라고 부릅니다.

예수님은 그렇지 않아요.

그분은 당신이 약해지기를 바라세요.

예수님만 바라보기 원하세요.

예수님 앞에서 씩씩할 필요 없어요.
작고 초라해지세요.
그분 없으면 못 사는 사람처럼.

당신에게는 힘들지 모릅니다.
살아오면서 강해야만 했잖아요.
도와주는 사람 하나 없이
혼자서 일어서야 했어요.

모든 사람이 당신을 보며
이제는 끝났다고 말했을 때도
몇 번이나 다시 일어났어요.
기적처럼 살아줘서 고마워요.
살아난 당신에게 필요한 건
독립심이 아닙니다.

더 이상 혼자가 아닌데
자꾸 혼자가 되려고 하면
당신은 더 외로워져요.
약하고 의존적인 느낌,

그 자체는 나쁜 게 아니에요.

대상이 분명하면 괜찮아요.
주님이면 안전해요.
복음에서는
약하고 의존적인 사람을
'강한 사람'이라고 불러요.

약할수록 강해지니까.
강할수록 약해지니까.

울고 싶으면 우세요.
그래도 괜찮으니까요.
언젠가 당신을 다시 만나는 날,
나는 보고 싶습니다.

약해도 괜찮은 당신을.
약해도 편안한 당신을.

울어도
괜찮아요

슬픈 이야기네요.

마음이 아파요.

나는 울고 싶었어요.

당신이 웃는 바람에 나도 따라 웃었죠.

어쩌면 그 웃음으로 지금까지 버텨왔겠죠.

누가 알까요.

웃음 뒤의 슬픔과 슬픔 뒤의 절망을.

아마 울면 안 됐을 거예요.

당신마저 무너지면 안 됐겠죠.

버티고 견디면서

밝은 모습 보여줬을 거예요.

같이 있는 당신,
혼자 있는 당신,
서로 다른 당신.

안심하세요.
여기서는 울어도 괜찮아요.
울어야만 해요, 그래야 사니까.

내게 사람들이 울보래요.
설교하다 기도하다 상담하다 우니까.
울지 말란 말 많이 들었어요.

"설교하다 울면 안 돼.
감정에 호소하는 거잖아.
기도하다 울면 안 돼.
성도가 걱정해.
상담하다 울면 안 돼.
내담자가 의존해."
다 맞는 말이에요.
하지만 안 되는 걸 어떻게 해요.

오히려 나는 내 마음이
메마를까 걱정이에요.
내 몸에도 눈물이 있다는 걸 알고
얼마나 기뻤는지요.

오랫동안 눈물이 마른 적 있어요.
그 시기에 자주 들은 말이 있어요.
"든든하다. 듬직하다."
그 말 때문에 더 못 울었어요.
든든한 사람, 듬직한 사람 되고 싶어서.

눈물을 되찾은 날 행복했어요.
슬플 때 울 수 있어서 좋았어요.

눈물이 마르면
난 사람들 곁을 떠날 거예요.
누군가 내 앞에서 우는데
아무 감정이 느껴지지 않는다면….
프로는 될 수 있지만 목자는 될 수 없어요.
기능은 할 수 있지만 사랑할 수 없어요.

울고 싶으면 우세요.
울어도 괜찮아요.
민망하지 않을 거예요.
나도 따라 울 거니까요.

당신을 치유하는 건 내가 아니니까
울음 참지 않으려고요.
나와 당신 사이에 그분이 함께 계시죠.
울고 나면 당신도 알게 될 거예요.

말할 수 없는 평안을.
말할 수 없는 기쁨을.

내 옆에는
아무도 없어

나는 혼자야, 그래서 외로워.

당신이 혼자라는 말,

그래서 외롭다는 말.

반은 맞고 반은 틀려요.

사람은 절대로 혼자일 수 없어요.

생각과 함께 지내니까요.

혼자 있다고 해서

무조건 외로운 게 아니에요.

혼자 있는 그 자체보다

그때 찾아오는 생각이 더 중요해요.

'내 옆에는 아무도 없어.
나는 평생 그랬어.
벗어날 수 없어.'

한번 찾아온 생각은
떠날 생각을 하지 않고
마음을 짓밟거든요.

수도꼭지를 잠그듯
생각을 틀어막을 수 있다면
얼마나 좋을까요.
말처럼 쉽지 않아요.

나라고 별 수 있나요.
나도 답답할 때 많아요.
나를 괴롭게 하는 생각이
모래알처럼 많지만
하나만 말해볼게요.

읽어주는 사람이 없을 때는
글이 잘 써졌어요.
읽는 사람이 늘어나니까 안 써져요.
미칠 노릇이죠.
글이 막히면 파도처럼 생각이 밀려와요.

'네 글을 누가 읽어.
아무도 안 읽어.
유치하고 편협해.'

생각이 안 사라져요.
글 쓸 때마다 찾아와서 괴롭혀요.
어떻게 하면 좋을까요.
방법이 없어 그냥 끌려 다녔죠.

정말 잘 쓰고 싶은데
뜻대로 안 되니까 괴로웠어요.
고생하다가 좋은 방법을 하나 찾았죠.
내가 나한테 단호하게 말했어요.

"야, 그냥 써.
잘 쓰지 말고 그냥 쓰라고."

그래서 그날부터 그냥 써요.
매일 새벽 4시 기상,
200자 원고지 20장, 글자로 4천 자.
아무 생각 없이
모니터 화면을 글자로 채워 넣어요.

가끔 이 방법이
안 통하는 날에는 많이 울어요.
'이래도 안 되는구나.
정말 안 되는구나.'

막 울고 있으면
주님이 옆에 오신 것처럼
마음이 따뜻해져요.

'오직 한 사람,
상처 입은 그에게 나를 전해주렴.'

'아, 그랬구나.
내가 욕심 부렸구나.
잘못 생각했구나.'

마음을 가다듬고
다시 글을 써요.
오직 한 사람을 위해.

"아가페 사랑. 긍휼의 마음. 진정성."

내가 글쓰기 전에
입버릇처럼 반복하는 말이에요.
당신에게 전해주고 싶어요.
그분의 따뜻한 사랑을.

당신이 외로운 것처럼 나도 그래요.
내가 외롭지 않으면
당신이 한심해 보일지 몰라요.
다행히 나도 외로워요.

내 글이 당신에게 닿고
당신이 그분께 닿으면
우린 더 이상 혼자가 아니에요.
나와 당신 사이에 새로 놓인 다리로
그분이 건너가시기를 바라요.

투닥투닥 망치를 두드려
다리를 짓는 마음으로 타닥타닥 글을 썼어요.
그분이 당신에게 건너가실 수 있을 만큼
튼튼한 다리를 만들고 싶어서.

당신이 혼자라서 외로운 게 아니에요.
주님이 계시지 않아 외로운 거예요.
당신이 혼자라고 느낄 때
주님을 전해주고 싶어요.

나는 더 이상 나쁜 생각이
당신을 짓밟도록 가만히 있지 않을 거예요.
내 몸이 상해도 망치질을 쉬지 않을 거예요.

다리가 튼튼한가요?
그분을 전해드릴게요.
주님이 건너가세요.
당신을 안아주세요.

이제 괜찮아요.
정말 괜찮아요.

그 마음 표현하기
힘들 거예요

혼자가 익숙했어요.
점점 말이 없어졌죠.
말할 사람이 없으니까
힘들고 답답해도 혼자 삭였어요.

사람이 다 그렇잖아요.
처음에는 이해가 안 돼서 화나지만
생각해보면 그럴 만한 이유가 있잖아요.

처음에는 부모님을 이해 못했어요.
많이 원망했어요.
제가 엄마가 되어보니까

부모님 마음 알겠더라고요.

'아, 내가 몰랐구나.
부모님이 날 사랑한 거구나.'
이해하고 사랑하기로 했어요.
지금은 잘 지내요.

내가 힘든 건 남편이에요.
대화가 안 돼요.
사실 오래전에 포기했어요.
내 마음 표현하고 싶지도 않고,
남편 생각 듣고 싶지도 않아요.

그렇군요, 속상하네요.
당신 이야기를 들으면서
혼자 생각해봤어요.

'어린 시절 부모님으로 인해
받은 상처가 깊었을 텐데
어떻게 용서할 수 있었을까?'

하나님을 만나서 그래요.
그래서 용서할 수 있었어요.

놀라워요.
사람으로 불가능한 일을
하나님이 해내셨군요.
하지만 조심스럽게
내 생각을 말하고 싶어요.

힘든 시간을 보내면서
혼자 삭이는 법을 배우신 것 같아요.
혼자 울고 혼자 위로하고
혼자 정리하고 혼자 일어서요.
슬프게도 당신은 혼자가 익숙해졌어요.

다른 사람과 상호작용할 때는 괜찮아요.
당신은 정말 좋은 사람이 될 수 있어요.
언제나 밝아요.
혼자 일어설 수 있으니까요.

부모님이 혜택을 보셨죠.

부모님을 사랑하게 되었어요.

그들의 노력이 아닌 당신의 노력으로.

당신에게 상처 준 사람들 역시

혜택을 받았을 거예요.

이미 용서했을 거예요.

이해하고 받아들였을 거예요.

그들의 노력이 아닌 당신의 노력으로.

하지만 배우자는 달라요.

그 방법이 남편에게는 통하지 않아요.

배우자와의 관계는

노력하면 노력한 만큼

상처받을 수 있어요.

남편이 오해할 수 있거든요.

당신이 원래 그런 성격이라고.

아닌데···.

힘든데···.

노력하는 건데….

당신의 그 피나는 노력 덕분에
남편이 모를 수 있어요.
그가 당신에게 얼마나 상처를 주었는지.
그가 당신에게 얼마나 필요한 사람인지.

당신은 힘들면 조용히 입을 닫아요.
생각의 방으로 들어가
하나님과 해결해요.
하나님께 말하고 위로받아요.
하나님이 정리해주시니
남편이 해줄 게 없어요.

남편이 무시하며 말해도
성실하게 대답해주고,
그와 다투고 난 다음 날도
평소처럼 아침을 차려주고,
밥 먹듯 야근을 해도
답답한 마음을 표현하지 않아요.

하나님이 주시는 은혜가 아무리 커도
당신은 외로울 수 있어요.
하나님의 능력이 부족해서가 아니에요.
그분이 우리를 그렇게 지으셨어요.

사람은 혼자 못 살아요.
하나님도 아세요.
그 좋은 에덴동산에서
아담이 혼자 있는 게
좋아 보이지 않으셨어요.
아담이 잠든 사이에
돕는 배필을 보내주셨잖아요.

배우자는 내 일부예요.
나는 배우자의 일부이고.
내가 나와 대화하는 방식이
내가 배우자와 대화하는 방식이에요.
당신 안에 슬픔이 쌓이고 있어요.
히말라야 산맥처럼.

그 마음 표현하기 힘들 거예요.
하나님, 자기 자신, 배우자에게.

나는 당신의 남편을 만난 적이 없어서
어떤 사람인지 몰라요.
나쁜 사람, 못된 사람일 수도 있죠.
나는 그를 만날 수 없기에
당신에게 희망을 걸어봅니다.

그 사람, 나쁜 사람이 아니라
서툰 사람일 수 있어요.
그 사람, 못된 사람이 아니라
무딘 사람일 수 있어요.
그 사람, 당신이 얼마나 힘든지
모를 수 있어요.

당신이 표현하기 힘든 만큼
배우자도 알아듣기 힘들 거예요.
바로 지금 그곳에 하나님이 필요해요.
성령의 능력이 나타나기를 바라요.

당신이 용기 내어 입을 열 때
그분의 사랑이 흘러나오기를 바라요.
정죄와 비난이 아니라
당신의 필요와 원함을 말하기 바라요.

하나님은 눈앞에서 남편을
순식간에 바꿔주시지 않아요.
당신과 남편, 그 고통스러운 관계 속에서
하나님은 당신을 변화시켜 가시죠.
손해는 아니에요.
조금만 견뎌주세요.

당신의 변화는 대화 방식의 변화가 되고,
대화 방식의 변화는
배우자의 변화가 될 거예요.

내 편협한 말 들어줘서 고마워요.
당신을 위해 기도할게요.
당신이 다시 웃는 그날까지.

나는
잊혀도 괜찮아

혼자 있으면
마음속에서 소리가 들려요.
'넌 쓰레기야. 가서 죽어.'
정신분열이 오는 걸까요?
이러다 미치는 건 아닌지….

너무 걱정은 마세요.
나도 그렇거든요.
가끔 끔찍한 소리를 듣고 살아요.
우울해서 견딜 수가 없죠.
하나만 말해볼까요.
아주 못된 말이에요.

'야, 너 요즘 조금씩 알려지니까 좋지.
시작한 지 얼마 안 돼서 그래.
이삼 년 지나 봐, 넌 잊힐 거야.
사람들이 지루하다 그래.
너 그때 어떻게 할래.
그러니까 교회에 가만히 있으라고 했잖아.'

지어낸 이야기가 아니에요.
어제도 들었어요.
그 소리 듣고 나면 우울해져요.
견딜 수 없을 만큼.
공원을 이리저리 헤매면서
발바닥 아플 때까지 걸었지만
사라지지 않아요, 고통스러운 생각이.

나는 경지에 오른 사람이 아니에요.
당신처럼 고통받아요.
내 상처도 끔찍한데
무슨 자격으로 상처에 대해 말할까요.
나는 과정을 공유하고 싶었어요.

내가 나를 어떻게 돌보고 있는지
함께 나누고 싶었어요.
끔찍한 소리를 들으면
나는 따뜻하게 말해요.

'그래. 나 잊혀. 그게 어때서.
나는 잊혀도 괜찮아.
내가 바라는 건 딱 하나야.
사람들이 예수님을 기억해줬으면 좋겠어.
상처 입은 한 사람에게
예수님을 전하고 싶어.
그래서 이 길을 택한 거니까 후회 없어.

조명이 켜졌어, 춤을 춰.
조명이 꺼졌어, 사라져.
그게 다야, 그 이상은 없어.

나는 잊혀도 괜찮아.
나는 그분이 잊히는 게 두려워.
그분을 전할 거야, 일생 동안.'

잠시 동안 마음이 편안해져요.
다음 목소리가 들릴 때까지.
안타깝게도 다음 목소리는
1초 뒤에 다시 들려요.
돌봄은 잠깐이고, 고통은 계속이에요.

그래도 나 포기하지 않을 거예요.
끝까지 나를 돌볼 거예요.
수준 높은 삶은 바라지도 않아요.
망가진 나를 돌볼 뿐이에요.

당신에게 말하고 싶어요.
자신을 돌볼 시간이에요.
그 목소리는 사라지지 않아요.
계속 따라다닐 거예요.

고개 돌리지 말아주세요.
마주 보고 전해주세요.
예수 그리스도의 복음을.
그 따뜻한 사랑을.

내 관계 돌보기

나를 돌보는 시간

더 이상
희생하지 마세요

가족을 위해 희생하지 말고
자신을 돌보세요.

안돼요, 그럴 수 없어요.
나 하나 희생하더라도
가족이 살 수 있다면 나는 괜찮아요.
예수님도 말씀하셨잖아요.
내가 밀알처럼 땅에 떨어져 죽어야
많은 열매를 맺는다고.

오열하는 그녀의 눈물을
누가 닦아줄 수 있을까요.

나는 먼저 그녀의 아픈 마음을
위로하고 싶어요.
눈물이 마르고 마음이 진정되면
말해주고 싶어요.
그 말씀의 의미를.

밀알의 비유는 우리에 대한 명령이 아니라
예수님 자신에 대한 예고였어요.
예수님의 죽음을 통해
많은 생명이 살아날 것이란 의미예요.

당연히 우리도 예수님처럼 살아야죠.
하지만 우리는 예수님이 아니랍니다.

예수님은 우리에게
"나를 따라오라"고 말씀하셨지만,
"내가 가는 길을
너희가 결코 따라올 수 없다"고도 하셨어요.

예수님은 우리에게
"내가 주는 잔을 마시라"고 하셨지만
"내가 마시는 잔을
너희가 결코 마실 수 없다"고도 하셨지요.

예수님을 따르기는 하지만,
예수님이 될 수는 없는 거죠.

밀, 길, 잔.
모두 예수님의 죽음을
예고하는 말이에요.
우리도 예수님을 따라 죽어야 하지만,
그것은 예수님의 죽음과는 다르죠.

당신에게 말하고 싶어요.
가족을 위해 희생할 사람은
당신이 아니에요.
가족을 위해 희생할 사람은
더 이상 필요 없습니다.

예수님이 이미 희생하셨어요.
단번에, 완전히 하셨습니다.
당신이 아무리 희생해도
그분 자리를 대신할 수 없어요.
예수님이 되지 말고
예수님과 하나가 되세요.

어떻게 예수님과
하나 될 수 있나요?

예수님은 땅에 떨어진
한 알의 밀이에요.
썩어져 죽으셨어요.
그리고 예수님은
하늘에서 땅으로 떨어진
생명의 떡이에요.
다시 살아나셨어요.

밀이 땅에 떨어져 썩어서
많은 열매를 맺고 생명의 떡이 되었죠.

예수님이 말씀하셨어요.

"나는 생명의 떡이다.
이 떡을 먹으라.
영원히 살 것이다."

생명의 떡을 먹으면
예수님과 하나 되어 영원히 살아요.
이제는 더 이상 죽지 마세요.
죽을 필요 없어요.

살아나세요, 더욱 살아나세요.
죽고 싶을 때마다 생명의 떡을 먹어요.
그래야 살아요.

당신이 죽으려 할 때마다
예수님이 되려고 하는 거예요.
생명의 떡을 먹을 때마다
그분과 하나 되는 거예요.

예수님이 되지 말고,
예수님과 하나가 되세요.

예수님과 하나 된 당신은
올바른 방식으로 가족과 마주할 거예요.
가족을 위해 희생하지 말고
가족을 사랑하세요.

희생 대신 사랑을 선택할 때
당신도 가족도 살 수 있답니다.

먼저 믿은 게
잘못은 아니잖아요

내가 참아야죠.
먼저 믿었잖아요.
나는 하나님을 사랑하고
남편은 하나님을 모르니
희생하고 참고 기다려야 해요.

조심스럽지만
묻지 않을 수 없네요.

이런 가르침을 뒷받침할
성경 구절이 있나요?

"한 알의 밀이 땅에 떨어져
죽지 아니하면….”
"누구든지 나를 따라오려거든
자기를 부인하고….”

이것이 아내만을 위한 말씀인가요?
그렇지 않아요.
모두에게 전해진 말씀이죠.
남편과 아내 둘 다 예외가 없어요.

먼저 믿은 아내는
마음고생이 심해요.
마음 한 편에 죄책감이 쌓여있어요.

'내 기도가 부족해서 그런 거다.'
'내 믿음이 부족해서 그런 거다.'

어디 가서 말하기도 힘듭니다.
주변에서 한두 번은 들어줘도
여러 번은 안 들어줘요.

"또 그 문제냐."

"이제 털고 일어나라."

"나도 그랬다."

"참고 기다리니까 결국 돌아오더라."

조언하거나 영웅담을 들려줍니다.

사람한테 실망하고 나서 깨닫습니다.

'하나님만 붙잡자.'

그리고 결심하지요.

참는다.

견딘다.

버틴다.

아내에게 부탁드립니다.

그러지 마세요.

좋은 방법이 아닙니다.

희생하기보다 대화해야 합니다.

대화 없이 희생하면 당신은 불행해져요.

희생하는 법을 배우기 전에
대화하는 법을 배워야 합니다.
대화가 희생보다 어려워요.
대화하고 싶지 않아 참는 것은
희생이 아니라 회피입니다.

어린아이가 걸음마를 배우듯
남편과 대화하는 법을 배워야 합니다.
당신의 진심을 전해줄 방법을
끊임없이 고민하세요.
남편의 진심을 알아내는 방법을
끊임없이 고민하세요.

희생하며 살기보다
희망으로 살아주기 바랍니다.

부부가 대화하며
진심을 공유하기 쉽지 않아요.
시간이 오래 걸려요.
포기하기 쉽지요.

사람은 한순간에 바뀌지 않아요.
당신이 그렇듯이 남편도 그렇습니다.
그래도 대화 없는 희생은
절대로 하지 마세요.

당신이 남편과 대화하기를 바랍니다.
언젠가 당신의 진심이
남편에게 닿기를 바랍니다.
언젠가 그의 진심이
당신에게 닿기를 바랍니다.

기억은
지독하다

사람마다 끔찍한 기억이 있어요.
기억이 떠오르면 우울해져요.
벗어나고 싶으니까 잊으려 합니다.

잊으려 마세요.
잊을 수 없어요.
잊으려 할수록 생생해져요.

지금 이 순간부터 절대로
토끼를 생각하지 마세요.
하얀색 털이 뽀송뽀송한
토끼를 떠올리지 마세요.

토끼 등에 빨간색으로
숫자 5라고 쓰여있어요.
보면 안 돼요.
절대로 떠올리지 마세요.

아….
당신은 결국 보고 말았네요.

이제 아시겠죠.
기억은 지독한 녀석이에요.
잊으려 할수록 더 생생해지죠.
새로운 방법을 알려드릴게요.
잊지 않고 기억하는 거예요.

끔찍한 기억을 계속
떠올리라는 말인가요?

그런 말이 아니에요.
기억하는 방식을 바꿔보자는 겁니다.

기독교는 기억하는 종교예요.
사람은 자꾸 잊어버리고
하나님은 자꾸 기억나게 하세요.
성경 전체에서 계속되는 이야기죠.

사람이 은혜를 잊으면
하나님은 은혜를 기억나게 하세요.
사람이 사랑을 잊으면
하나님은 사랑을 기억나게 하세요.

언제나 하나님은
잊어버린 기억을 되살려주시죠.
기억이 끔찍한 이유는
그곳에 하나님이 없기 때문이에요.

잊지 말고 기억하세요.
그곳에 함께하시는 하나님을.

지금 무슨 말을 하는 거예요?
난 완전히 혼자였다고요!

하나님은커녕 상처 입은 나만 보여요.

맞아요, 쉽지 않아요.
부탁드려요, 포기하지 마세요.
하나님을 끝까지 찾아내세요.
하나님은 그곳에 계세요.
당신 혼자일 리 없어요.

어둠 속에서 울고 있는
꼬마가 있어요.
울긋불긋 온몸에 멍 자국 난 아이.
죽은 시체처럼 담요에 덮여있었죠.
아무도 도와주지 않았어요.
잊히지 않아요.
어제처럼 생생하죠.

난 고통받을까요?
아니요, 난 혼자가 아니었어요.
끔찍한 기억에 찾아와주신
하나님 덕분에

이제 나는 마음 편히
그 사건을 기억할 수 있죠.
그 기억이 떠오를 때마다
나는 살아나거든요.

삶이 힘들어 포기하고 싶을 때
나는 그 꼬마와 눈이 마주쳐요.

'너도 살았으니 나도 살 거다.'

당신이 내 글을 읽는 이유를 알아요.
내 기억, 당신의 기억 때문이죠.
내가 혼자가 아니듯이
당신도 혼자가 아니에요.

사건을 기억하면 불행해져요.
하나님을 기억하세요.
나는 당신이 행복하기를 바라니까요.

과거로 돌아갈까
두려워요

여러 번 삶을 포기한 적이 있어요.
극단적인 선택을 했지요.
다행히 죽지 않고 살았어요.

절망뿐인 내게
누군가 예수님을 전해줬어요.
살아갈 소망을 얻었죠.

이제 막 1년 지났어요.
지금이 너무 좋은데 가끔은 두려워요.
'예전으로 돌아가면 어떻게 하지?'
생각만 해도 끔찍해요.

돌아가고 싶지 않아요.
무너지고 싶지 않아서
쓰러지고 싶지 않아서
버티고 견디고 참아요.

고마워요, 용기 내줘서.
당신 덕분에 깨달았어요.
내가 요즘 왜 힘들었는지
이제 알게 되었네요.

먼저 사과하고 싶어요.
내가 조급했어요.
조언을 구하는 줄 알았어요.
방법을 알려주면 될 줄 알았죠.

그게 아니었어요.
당신에게는 같이 있어줄 사람이 필요했어요.
아주 잠시 동안이라도
괜찮다고 다독여주며 함께 있어줄
그런 사람이 필요했던 거예요.

솔직히 말해줘서 고마워요.
실망해서 조용히 문 닫고 나갔으면
나는 영원히 몰랐을 거예요.
당신이 말해줘서 알았어요.

나도 솔직해지고 싶어요.
요즘 마음이 답답했어요.
몸과 마음이 지쳐갔죠.
탈진이라고 하나요.

내가 원하지 않았는데
목회할 때처럼 바빠졌어요.
가야 할 곳이 늘어나고,
만날 사람이 많아지고,
해야 할 일이 쌓여갔습니다.

나는 바빠지면 불안해요.
뭔가를 놓치고 있는 것 같아서.
그러면 안 되는데
한 사람을 마주한 게 아니라

일정을 해치우고 있었나 봅니다.

차분해야 했는데 나는 분주했어요.
요 며칠 예수님 대신
내가 상담했을 거예요, 아마.
가슴에 뭐가 걸린 것처럼 답답했어요.
이유를 몰랐어요.

당신 덕분에 알게 되었습니다.
'내가 해결하려고 했구나.'
능력 없는 내가 마음이 앞서
해결하려 드니 꼬이기 시작한 거예요.
참 어리석죠.
매번 같은 실수를 하네요.

그래도 다행이에요.
예수님이 당신을 보내주셨어요.
당신이 그분을 다시 모시고 들어올 때까지
예수님은 상담실에 계시지 않았어요.

나는 그것도 모르고
그저 열심히 했습니다.

바보같이, 정말 바보같이.
고마워요. 큰일 날 뻔했어요.
당신 덕분에 나도 살았어요.

과거로 되돌아갈까 두렵다고 했죠?
듣고 보니까 나도 그렇네요.
아등바등 살면 나아질까 싶었는데
생각보다 쉽지 않네요.

그래도 포기하지 말아요, 우리.
우리가 찾아가다 지치면
예수님이 찾아와주실 거예요.
너무 걱정 말아요.

당신이 말했죠.
안개 낀 것처럼 인생이 두렵고 답답하다고.
화창한 날 하루라도 있었으면 좋겠다고.

하지만 안개는 영원하지 않아요.
수명이 짧아요.
해가 뜨면 금방 사라져요.

예수님 없이 어두웠던 당신 인생,
드디어 찬란한 빛이 비쳤죠.
새벽이 오고 동이 터요.
안개로 자욱하지만
오늘 하루 맑을 거예요.
안개 짙은 날은 유독 맑았으니까.

조금만 기다려주시겠어요?
괜찮다고 말해주시겠어요?
곧 해가 뜬다고.
파란 하늘 빨갛게 떠오른 태양이
눈부시게 아름다울 거라고.

두 번 다시 예전 같지 않을 거예요.
과거로 돌아갈 수 없어요.
절대 그럴 수 없어요.

당신은 더 이상 혼자가 아니에요.
마음속 담아두었던 말,
이제 전하고 싶어요.

살아줘서 고마워요.
포기하지 않고 여기까지 와줘서
정말 고마워요.
당신 덕분에 나도 살았어요.

당신은
답을 알고 있어요

사귀던 남자에게 상처받고
다시는 남자를 만나지 않겠다고 다짐했어요.
오랜 시간 혼자 지냈죠.
결국 다시 남자를 만났어요.

나는 왜 나 좋다는 사람을
거부할 수 없을까요.
누군가를 먼저 좋아한 적이 없어요.
나 좋다는 사람 만났어요.

그동안 주님 안에서
성장했다고 생각했는데 아니었어요.

전혀 성장하지 못했어요.

그대로예요.

그 사람을 온전히 믿지 못해요.

계속 확인하고 싶어요.

'나를 어디까지 받아줄 수 있을까?

이 정도는 받아주겠지?'

받아주면 또 시도해요.

'이건 못 받아줄 거야.'

그런 식으로 여러 사람 떠났어요.

상처 주고 상처받고, 다시 외로워지고.

이제 지쳤어요.

더 이상 못할 것 같아요.

차라리 혼자가 나아요.

급할 것 없어요.

조금만 천천히 대화해요, 우리.

당신 마음 느껴져요.

내 마음이 아파요.

그런데 나는 왜 당신이 조금씩
성장하고 있다고 느껴질까요.
전혀 성장하지 못했다고,
차라리 혼자가 낫다고 말하지만
진실이 아닌 것 같습니다.

억지 위로가 될까 두렵지만
솔직히 말하고 싶어요.
당신은 당신에 대해 잘 알고 있어요.
자기 문제를 스스로 인식하기 어렵지요.
문제와 자신이 섞여서 분리되지 않아요.

당신은 문제가 보이나 봐요.
그건 성장이에요.
당신은 답도 알고 있어요.
당신이 진정으로 원하는 것이
무엇인지 알아낸 거죠.

당신은 답을 말하고 있어요.
아무도 해결해줄 수 없다고.

당신 안의 그 지독한 외로움을.

그다음은 뭘까요?
당신은 예수 그리스도 안에서
그 문제를 해결하고 싶은 거예요.
사람에게 매달리고 싶지 않은 거지요.
오직 그리스도 한 분으로
마음속 빈자리를 채우고 싶은 겁니다.
당신이 백퍼센트 옳아요.

하지만 답을 안다고 문제가
해결되는 건 아닙니다.
쉽지 않아요.
답을 몰라서 힘든 게 아니에요.
과정이 힘들어서 힘든 거지요.

조급할 필요 없어요.
당신에게는 시간이 필요해요.
아주 많이, 다른 사람보다 많이요.

당신 잘못 아니지만,
당신이 사랑받으며 자랐다고 말하기 어려워요.
부모에게 절망한 당신은
남자에게 희망을 걸었어요.
당신이 이룰 가정을 꿈꿀 수 있으니까요.

마지막 남은 희망마저 내려놓은
당신은 얼마나 불안하고 고통스러울까요.
희망이 사라졌다고 절망하지 마세요.
그 희망은 낡은 희망이에요.
새로운 희망이 다가왔어요.

새로운 희망을 드릴게요.
지금 이 순간 당신의 유일한 희망은
오직 예수 그리스도뿐이지요?
그 고백이 당신을 치유할 거예요.

내 마음에 물통이 하나 있어요.
물을 부으면 물이 새요.
구멍이 너무 많아서.

나는 구멍 없는 물통을 받고 싶었는데
내가 받은 물통은 처음부터 구멍이 많았어요.

누구를 탓할 수 있나요.
그건 주어진 거예요.
내가 선택할 수 없었어요.
선택할 수 있었다면
구멍 없는 것을 골랐겠죠.

나중에 알았어요.
구멍을 탓하고 있으면
물이 금방 말라버려요.
나만 손해죠.
끔찍한 고통이 반복되니까요.
나는 구멍을 탓하지 않기로 했어요.
쉬지 않고 물을 부었어요.
부어도 부어도 바닥이 드러날 듯
빠르게 물이 빠져나가지만
포기할 수 없었어요.
더 열심히 했죠.

손목 아프고 손에 물집 잡혀서
주전자를 놓쳤어요.
너무 속상해서 고개를 떨구고 있는데
세상에나 비가 내려요!
하늘에 구멍이라도 난 것처럼
폭포수 같은 장대비가 쏟아져 내려요.
나 처음으로 하늘에 난 구멍을 봤어요.
그 사이로 엄청난 비가 내렸어요.

내 마음에만 구멍 난 거 아니에요.
하늘에도 구멍 났어요.
그 틈으로 주님이 오셨지요.
그 덕분에 난 살았고요.

당신 마음에도 구멍이 보여요.
하늘에서 내려오신 예수님이
구멍 난 손으로 당신의 손을 잡아주실 때
폭포수 같은 사랑이 쏟아져 내리기를
나는 바랍니다.

당신은
좋은 부모가 될 수 없어

엄마와 사이가 좋지 않아요.

용서했지만 친밀해지기 힘들어요.

그냥 그런가 보다 해요.

어쩔 수 없으니까요.

나도 엄마가 되었어요.

아이가 어릴 때는 몰랐는데

지금은 말이 통하지 않아요.

아이가 날 원망하면 어떻게 하죠?

엄마가 내 인생 망쳤다고.

좋은 엄마가 되고 싶었어요.
나처럼 키우고 싶지 않아서
최선을 다했는데 결국 이렇게 돼버렸어요.

나 때문이에요.
내가 상처 없이 자랐다면,
내가 사랑받고 자랐다면
이렇게 되지 않았을 거예요.

솔직하게 말해줘서 고마워요.
"당신은 좋은 엄마예요"라는 말은 안 할게요.
그런 말 많이 들었을 거예요, 아마.
가벼운 위로는 안 하고 싶어요.

그 대신 질문할게요.
"당신은 당신 엄마보다 좋은 엄마인가요?"
"네"라고 답하시네요.
나도 동의해요.
당신은 노력했어요.

내가 당신의 말을 잘 이해했다면
당신은 희망을 품고 날 찾아온 거예요.
그 마음을 잘 표현하면 이런 뜻이에요.
'나는 지금보다 더 좋은 엄마가 되고 싶다.'

지금까지 아이를 잘 키우다가
특정한 상황에 놓여 잠시 절망한 것 같아요.
지금이 힘든 거예요.
지금까지 잘 견뎌주었어요.
앞으로 어떻게 하면 좋을지 알려드리고 싶은데
솔직히 나도 잘 모르겠습니다.

좋은 부모가 되는 방법, 나도 몰라요.
내가 좋은 부모가 아니라서요.
어쩌면 당신보다 내가
더 심각한 상황일지 몰라요.
아이들을 끌어안고
절벽에서 뛰어내렸으니까요.
아빠로서 죄책감이 심해요.

가끔 상상을 해요.
누군가 다가와서 말해요.
"너는 상처가 많아서 좋은 아빠가 될 수 없어.
아무리 노력해도 한계가 있어."

내가 화내며 대꾸하겠죠.
"상처받으며 산 것도 억울한데
상처 때문에 좋은 아빠가 될 수 없다니요!"

어릴 때 맞은 매보다 그 말이 더 아파요.
차라리 나를 벌거벗겨 놓고
온몸이 파래질 때까지 때리세요.
그게 덜 아플 것 같아요.
나한테 그런 말 하지 마세요.

'에이, 말이 그렇다는 거죠?
누가 그런 나쁜 말을 하겠어요.
다들 상식이 있는데.'

남 일이라고 쉽게 생각하네요.
내가 나한테 자주 그런 말을 해요.
애써 부인해보지만 사실이에요.
내 상처 때문에 좋은 아빠 되기 힘들어요.
내가 살면서 느껴요.

아무도 모를 거예요.
내가 얼마나 못난 아빠인지.
애들만 생각하면 눈물이 흘러요.
좋은 아빠가 될 수 있다면
무슨 짓이라도 하겠어요.
내 몸에서 나쁜 피를 전부 뽑아내고
새로운 피로 바꿔서
좋은 아빠가 될 수 있다면
그렇게라도 하고 싶었어요.

나중에 깨달았어요.
그럴 필요 없다는 사실을.
이제 내 몸에는 새로운 피가 흐르거든요.
예수 그리스도의 보혈.

그 보혈의 능력으로
나는 새로운 혈액형을 받았죠.
내 아이들은 내 피를 물려받지 않아요.
내 아이들의 몸에도
예수 그리스도의 피가 흘러요.
그 피로 심장이 뛰고,
그 피로 키가 자라고,
그 피로 강해질 거예요.

예수님을 사랑하는 엄마,
기도하는 모습이 아름다운 당신 덕분에
아이들은 당신처럼 자라지 않을 거예요.
예수님처럼 자랄 거예요.

예수님 닮은 당신을 통해
당신의 아이가 예수님 닮기를
나는 간절히 바랍니다.

외로움은
사라지지 않아요

결혼에 한 번 실패했어요.
참고 살아보고 싶었어요.
남편의 폭력이 시작되었을 때
더 이상 안 되겠다 싶었죠.
그런데 혼자 아이를 키우는 게
이렇게 힘든지 몰랐어요.

외로워 견딜 수 없어요.
아이한테는 미안하지만
나는 누군가를 계속 만나야 해요.
좋은 아빠를 찾아줘야죠.
아이와 날 책임질 사람.

사랑? 그런 건 바라지도 않아요.
감정보다 중요한 건 현실이에요.
나는 사랑에 실패했잖아요.
외롭지만 않으면 돼요.

이제 누구라도 나와 내 아이를
받아줄 수 있다면 좋겠어요.
같이 있으면 지금보다 외롭지는 않겠죠.

누군가를 만나면
더 이상 외롭지 않을 거라는 말,
진심인가요.
조급한 당신이 혹시라도
지금보다 외로워질까 걱정돼요.

결혼해서 당신은 외로웠어요.
혼자일 때보다 더 고통받았어요.
결혼이 당신을 외로움에서
구원해줄 수 없다는 뜻입니다.

실패했다고 좌절하지 않았으면 해요.
실패가 아니에요.
당신 잘못도 아니에요.
오히려 당신은 폭력에서
아이를 구해낸 영웅이에요.

샴페인을 터뜨릴 수는 없어요.
전쟁 영웅의 뒷모습이
트라우마로 얼룩져 있듯이
당신의 삶 역시 상처로 고통스러울 거예요.

모진 말 같지만 진실을 말하고 싶어요.
불편하면 언제든 편하게 말해주세요.
외로움은 사라지는 감정이 아니에요.
이 세상 사는 동안 당신을 따라다닐 거예요.

갈등 많은 부부는
서로의 관계가 회복되면
더 이상 외롭지 않을 거라고 생각하지만
진실이 아니에요.

부부가 행복해도 외로울 수 있어요.
나는 행복한 삶을 살고 있는지는 몰라도
외롭지 않은 게 아니에요.
말할 수 없이 외로울 때가 있어요.
내 아내도 그럴 거예요, 아마.

이유는 설명 못해요.
알 수 없어요.
그냥 그런 거예요.

부부가 서로만 바라보며
전혀 외롭지 않다면
하나님을 찾을 수 없어요.
서로만 바라보면 답이 없어요.
서로 같은 방향을 바라보라고
외로운 감정을 주셨나 봐요.

마음속 깊은 곳에
부부 각자의 나침반을 숨겨두신 거죠.
하나님을 더듬더듬 찾아가도록.

외로움은 스스로 돌봐야 합니다.
아무도 해결해줄 수 없어요.
돌보는 게 힘드니까
다른 사람에게 맡기는 사람 있어요.
영원히 외로울 수 있어요.
다른 대상으로 해소하는 사람 있어요.
반드시 부작용이 나요.

외로움을 스스로 돌보면서
아닌 사람은 일단 떠나보내세요.
정말로 원하는 사람이 나타날 때까지
힘들어도 견디세요.

당신은 알게 되었어요.
누구를 만나면 안 되는지.
당신을 때리는 사람을 만나면 안 돼요.
만나자마자 알 수 없어요.
그러니 조급하면 안 돼요.

원하는 사람과 새로운 삶을 시작해도
자신 안의 외로움을 계속 돌봐야 해요.
나 대신 내 외로움을 달래줄 배우자는
세상에 없습니다.

'나 그동안 혼자 외로웠어.
이제 당신이 채워줘.'
이런 바람을 갖지만
결혼하면 서로 외로워져요.

자신을 잘 돌봐주세요.
그러면서 배우자도 돌봐주세요.
적어도 내 옆에서는 외롭지 않도록.
그래야 서로 외롭지 않습니다.

내가 잠시 떠든 입바른 소리로
당신이 위로받지는 못했을 거예요.
나도 말하는 내내 미안했어요.

마음속 외로움 때문에
사랑하지도 않는 사람을 만나면서
당신이 비참해지지 않기를 바랐어요.
먼저 자신을 돌봐주세요.
정말로 원하는 사람이 나타날 때까지
참고 기다려주세요.

백마 탄 왕자는 아니어도
자기를 돌볼 수 있는 남자.
아내를 돌볼 수 있는 남자.
그가 당신 앞에 나타나기를 바랄게요.

우리 헤어질
시간이에요

내 이야기 들어줄 사람이 없어요.
내 말을 중간에 끊어요.
자기 생각만 말해요.

"네 잘못도 있겠지.
그 사람이 오죽하면 그래.
나라도 그랬겠다."

아픈 말이 화살처럼 날아와
상처에 꽂혔어요.
더 이상 말하지 말자고

다짐해보지만 못하겠어요.
가슴이 터질 듯 답답해요.

내가 사람을 많이 의지해요.
처음에 잘해주던 사람도
하나둘 날 떠나요.
내가 부담스러운가 봐요.
한 말 또 하고, 한 말 또 한다고.

오늘은 안심하세요.
내가 들어줄 수 있어요.
내가 좋은 사람이라서가 아니라
잘 듣는 기술을 가진 사람이라서 그렇습니다.

내가 들어보니 사람들이 모르는 게 있네요.
당신이 누군지 몰라요.
당신이 어떤 삶을 살아왔는지 몰라요.
당신이 들려준 말을 정리해볼게요.

어릴 때 부모님이 서로 때리고
물건을 집어던지며 싸웠다고 했지요.
그러면 당신은 무서워서
침대 밑에 웅크려 숨고요.
머리를 땅에 박고 벌벌 떨면서 울었겠지요.
엄마가 피를 흘리며 쓰러져
침대 아래 숨어있는 당신과
두 눈이 마주한 순간,
당신은 집 밖으로 뛰쳐나갔을 겁니다.

길가는 사람들을 붙잡고
경찰에 신고해달라고 했지만
아무도 신고해주지 않았고요.
그때 나이 일곱 살이라 했나요.
나는 지금 당신이 일곱 살로 보입니다.
키는 자랐어도 정서는 자라지 않은 것 같아요.

내 팔을 붙잡고 말하고 있어요.
경찰에 신고해달라고,
어떤 방식으로든 도와달라고.

다른 사람들처럼 나도 뿌리칠 뻔했어요.
당신이 누군지 몰랐다면,
당신 말을 끝까지 듣지 않았다면,
나도 그럴 뻔했습니다.

사람들은 당신의 얼굴을 보겠죠.
그리고 거리를 둘 거예요.
다 큰 어른이 제구실을 못한다고
비아냥거릴지도 모릅니다.
길가에서 우연히 마주친 사람들은
당신을 도와줄 수 없어요.

하나만 물어볼게요.
경찰을 찾은 이유가 뭔가요?
당신을 도와줄 수 있다고 믿은 건가요?
당신은 믿고 의지할 수 있는
안전한 사람이 필요했던 겁니다.
그때나 지금이나….

당신 말을 끝까지 들어줄 사람,
세상에 없어요.
사람들은 이미 귀를 닫은 것 같아요.
내가 지금 잘 들어준다고 해서
나를 의지하지 마세요.

나는 당신을 그리스도에게로 연결시킬 거예요.
두려워 울부짖으며 길가로 뛰쳐나온 당신이
예수 그리스도의 품으로
곧바로 달려가 안길 수 있도록
내 모든 노력을 집중할 겁니다.

'얼마나 무섭고 외로웠니. 이제 괜찮아.'

나는 보고 싶어요.
당신이 그리스도의 품에 안겨
편안하게 웃는 모습을.
당신이 그 품에 안기면
내 역할은 끝나요.
우리가 헤어질 시간이 오지요.

떠나보낸 슬픔보다
바라보는 기쁨이 크기에
나는 오늘도 우두커니
당신을 기다립니다.

가슴이 답답해
숨을 쉴 수 없어요

차를 타고 가는데
갑자기 가슴이 답답했어요.
숨을 쉴 수가 없어 중간에 내렸지요.

10년 동안 해왔던 일이
적성에 안 맞아서 다른 일을 배웠어요.
용기 내서 새출발했지요.
막상 현실이 되니
내가 원했던 삶이 아니었어요.
잘못했다 싶은데 늦은 거지요.
되돌릴 수도 없고 답답해요.

‘어떻게 살아가야 하나.
내가 원했던 삶이 뭐였나’ 싶습니다.
앞으로 어떻게 해야 할까요?

와, 반가워요.
우리 친구네요.
요즘 나도 비슷한 고민해요.
작년에 회사를 옮겼거든요.
목회하던 교회에서 김유비닷컴으로.
미안해요, 웃길 의도는 없었어요.
나도 가슴이 답답해요.
누가 구둣발로 짓밟는 것 같아요.
작년부터 그랬어요.

새로운 일을 시작한다고
교회를 떠나 밖으로 나왔을 때
두세 달 동안 그랬어요.
없어졌나 싶었는데 다시 시작되네요.
상담하는 사람마저 그러면
어떻게 하냐고 묻고 싶겠지요.

내가 자주 말했잖아요.
내가 잘나서 상담하는 게 아니라고.

상담실 안의 나는 내가 아니에요.
상담실 밖의 내가 진짜 나입니다.
종일 무슨 생각할까요, 나는.
걱정에 걱정이 꼬리를 물죠.
한 번 시작되면 숨 막혀 죽을 것 같아요.
가슴이 터질 것 같습니다.

수도꼭지를 잠그듯이
생각을 잠가야 해요.
잠그지 않으면
걱정으로 홍수 나서 떠내려갑니다.
어떻게 생각을 잠그냐고요?
생각의 방향을 바꾸는 거지요.
나 자신과 대화를 시도합니다.

'너 자꾸 협박하는데
뭐 하나만 물어보자.

근거도 없는데 말한 거지?
네가 말을 잘해서 속았잖아, 이 사기꾼아.'

조금 부족하죠?
그래도 사기꾼에게 벗어날 수 있어요.
고개를 돌릴 여유가 생깁니다.
바로 옆, 주님이 안 보였거든요.

사기꾼에게 들은 말을
그대로 주님께 전해보세요.
뭐라고 말씀하시나.
다른 말씀을 해주세요.

"너 혼자 아니야.
내가 같이 있잖아.
내가 널 책임질 거야.
내가 널 지켜줄 거야."

무한 반복해서 듣고 또 듣습니다.
가슴 통증 사라질 때까지.

완전히 해결은 안 되죠.
다시 가슴 통증, 예수님 말씀 반복.
다른 방법이 없어요.

가슴이 답답하다고 했지요?
고통을 겪는 인생에는 당신과 나,
아무 차이가 없습니다.
단지 나는 나를 돌볼 뿐이에요.
더 이상 나를 내버려두고 싶지 않거든요.
내가 나를 돌보지 않으면
아무도 날 돌봐주지 않잖아요.

당신도 그럴 거예요.
당신을 돌봐줄 사람이 없어서
결국 날 보러 왔잖아요.
미안하지만, 나는 당신을 돌보지 못합니다.

주님은 당신 안에 계세요.
당신 안에 계시는 그분과 대화하는 게
자신을 돌보는 겁니다.

사기꾼과 대화하지 말고
주님과 대화하세요.

어떻게 살아야 하냐고 질문하셨죠?
그건 나도 몰라요.
막막한 인생, 과연 달라질까요?
'어떻게'라고 묻지 말고
'왜'라고 질문해주세요.
조금 나아질 겁니다.

인생이 막막할수록
예수님 목숨보다 소중했던 당신을
정성스럽게 돌봐주세요.
내가 혼자가 아니듯이
당신도 혼자가 아니랍니다.

언제나
혼자였어요

사람들과 어울리기 힘들었어요.

항상 혼자 지냈거든요.

초등학교 들어가서 시작된 왕따는

대학까지 이어졌어요.

모르겠어요, 왜 그런지.

특별한 이유도 없는데 멀어지더라고요.

엄마는 뭐가 미안했던지

이것저것 많이 배우게 했어요.

"혼자서도 잘 지낼 수 있어.

힘들어도 견뎌보자."

응원해준 덕분에 학업은 마쳤지요.

사회생활이 힘들어서 문제예요.
다니던 회사를 그만두고 집에 있어요.
언제까지 혼자여야 할까요?
차라리 태어나지 말았어야 했을까요?

오늘은 신중해야 할 것 같아요.
온 마음을 다해 내 진심을 전할게요.
오해 없이 진심이 전해지기를 바랍니다.

당신은 어릴 때 사고를 당한 것 같아요.
그 충격으로 절뚝거리고 있어요.
몸이 아니라 마음이.
눈에 보이지 않아 아무도 몰랐죠.
혼자 걸을 수 없다는 것을.

만약 다리가 불편해 휠체어를 타고
학교에 입학했다면
보호받을 수 있었을 거예요.
철없을 때는 친구들이 놀리고 괴롭혔겠지만
시간이 지나고 철들면서 도와줬을 거예요.

선생님도 방치하지 않았겠지요.
마음을 절뚝거려 휠체어에 앉은 당신은
겉으로는 멀쩡해 보였어요.
아무도 몰랐던 거지요.
혼자 계단을 오르지 못하는데,
혼자 밥을 먹을 수 없는데,
학교 가는 길마저 멀고 험한데
아무도 도와주지 않았어요.

"쟤, 뭔가 이상하지 않냐?"
"아, 기분 나빠."
"같이 있으면 나까지 불편해."
사람들은 한마디씩 내뱉고 사라졌지요.
그게 학대라는 사실도 모르고.

멀쩡한 사람 앞에 두고
절뚝거린다고 해서 미안해요.
마음이 아파서 그랬어요.
당신을 아무도 돌봐주지 않아서.

사실 나도 절뚝거려요.
남들 재빠르게 뛰어가는데
그렇지 못하거든요.

처음에는 많이 울었는데
지금은 조금 덜 웁니다.
힘들면 잠시 쉬었다 가거든요.
인정하고 받아들였어요.
내가 아프다는 것을.

당신은 마라톤을 뛸 수 없어요.
지금은 잠시 쉬어야 해요.
치료 과정이 길고 지루할지 모릅니다.
포기하고 싶을 거예요, 아마.

내가 치료하겠다는 말은 아니에요.
내가 아는 의사를 소개할게요.
그분이 당신에게 약도를 그려줄 거예요.
헤매지 않고 정확히 찾아가도록.

아, 의사 이름 알려드려야죠!

예수 그리스도.

그분의 이름입니다.

그분이 당신을 치료하실 거예요.

결혼은
도피처가 아닙니다

부모에게 상처받은 딸은
집을 벗어나고 싶어 해요.
결혼에 대한 확신 없이
결혼으로 도망쳐버립니다.

'결혼해서 떠나 살면
더 이상 상처받을 일 없겠지.'

진실이 아니에요.
시부모, 임신, 육아.
지금보다 힘들 거예요, 아마.
결혼으로 도망치면 상처가 깊어집니다.

나이의 앞자리 수가 바뀌는 게
두렵다는 건 알아요.
하지만 서두르지 마세요.
남은 인생이 달렸으니까.

결혼으로 도망치기 전에
자신과 마주하세요.
신부화장을 하듯이
자신을 돌봐주세요.
자기 몸에 나쁜 피라도
흐르는 것처럼 괴로워 마세요.

좋은 아내, 좋은 엄마가
될 수 없을 거라고 자책하지 마세요.

당신이 자라온 환경은
당신이 선택한 게 아닙니다.
그건 주어진 거예요.
당신이 원하지 않았잖아요.

내가 분명히 말해줄게요.
당신 잘못이 아니에요.

한 가지 더 진실을 알아야 합니다.
결혼 후에 일어나는 모든 일은
당신 책임이에요.
부탁드려요, 여유를 가지세요.

멀리서 상처라는 부메랑이 날아오네요.
나 없는 사이 누군가 던지고 갔나 봐요.
내가 던진 거 아니라고
뒤돌아서서 외면하면 안 됩니다.
'누가 던진 거지?'
범인 찾다가 다치는 건 당신이에요.

두려워도 정면으로 응시하세요.
반드시 두 손으로
안전하게 잡아야 합니다.
사방팔방 날아오는 부메랑
멋있게 잡아내는 연습해요, 우리.

나는 방심하다가 어제 뒤통수 맞았어요.
동시에 두세 개 날아올 때는
어쩔 수 없지요.

도저히 안 되겠다 싶을 때는
무릎 꿇고 엎드리세요.
부메랑을 피하는 괜찮은 방법이에요.

나는 맞아서 아파도
당신이 아픈 건 싫습니다.
그러니 부메랑을 보세요.
꼭 잡아내기 바랄게요.

엄마를 위한
꽃 한 송이

엄마를 사랑하는 딸은
엄마와 하나가 돼요.
내가 엄마인지
엄마가 나인지 구분할 수 없죠.
엄마가 느끼는 고통을
딸도 고스란히 느껴요.

엄마가 아빠를 미워하면
딸도 아빠를 미워하고,
엄마가 아빠를 무시하면
딸도 아빠를 무시하고,
엄마가 아빠를 의심하면

딸도 아빠를 의심해요.

엄마와 하나 된 딸은 결혼해서
아내가 되고 엄마가 됩니다.

행복한 삶을 꿈꾸던 당신에게
예상하지 못한 일이 벌어지지요.
남편은 아빠가 되고,
아빠는 남편이 돼요.
아빠의 무관심은 남편 집착이 되고,
아빠의 외도는 남편 감시가 되고,
아빠의 학대는 남편 무시가 돼요.

이 모든 게
엄마와 하나가 되어 벌어진 일이에요.
아직도 엄마 등에 업혀있나요?
이제 내려오세요.

우리 엄마 고생했으니 내 차례야.

아니요, 엄마를 업어주지 마세요.
그렇게 딱 붙어있으면
당신은 불행해져요.
엄마를 놓아주세요.
당신을 되찾으세요.

당신은 엄마가 아니고
엄마도 당신이 아닙니다.

우리 엄마, 나 없으면 어떡해.

당신이 울 때 나도 따라 울고 싶다면
당신이 믿어줄까요?
나도 엄마가 있거든요.
평생 고생만 했던 엄마가 있습니다.
엄마가 엄마가 되고
내가 내가 되던 그날 밤, 나도 펑펑 울었어요.

우리 같이 연습해요.
엄마를 위해, 당신을 위해.

엄마를 두 손으로 붙잡으면
그분을 붙잡을 손이 없어요.
한 손 먼저 놔볼까요, 우리?
빈손으로 그분 손을 붙잡아요.

한 손은 엄마, 한 손은 그분.
심호흡하고 엄마에게 말해보세요.
"엄마, 나처럼 한 손으로 그분 잡아."
엄마도 당신처럼 그분의 딸이랍니다.
엄마를 위해 엄마를 놓아주세요.

엄마는 엄마가 되고
당신은 당신이 되는 날,
당신에게 향긋한
꽃 한 송이 전해질 거예요.
치유의 꽃 한 송이를
두 손으로 받아 드세요.
엄마 한 송이, 당신 한 송이.
그렇게 둘은 각자가 될 수 있습니다.

4부

내 감정 돌보기

나를 돌보는 시간

거대한 성城,
거짓의 방

사람마다 마음속에
거대한 성을 짓습니다.
그 안에 수많은 방을
미로처럼 가졌지요.

제각각 다른 모양이지만,
오직 두 종류의 방이 있어요.
문이 활짝 열려 빛으로 채워진 방.
문이 굳게 닫혀 어둠에 짓눌린 방.

닫힌 방 문 앞에는
참혹한 거짓말이 쓰여있습니다.

"모든 게 너 때문이야.
네가 모든 걸 망쳤어.
쓰레기, 위선자, 루저."

닫힌 방은 어둠 속에서
거짓의 지배를 받습니다.

방법은 단 하나,
닫힌 방을 여는 것이지요.
빛이 어둠을, 진실이 거짓을 몰아냅니다.

문을 연 채 밖으로 나와
또 다른 방을 찾습니다.
거짓말로 굳게 닫혀
어둠의 지배를 받는 또 다른 방.
닫혀 있는 수많은 방을
찾고 또 찾아 열어젖힙니다.

어둠에서 빛으로.
거짓에서 진실로.

내 성에서 닫힌 방을 하나 찾았습니다.
팻말에 쓰인 거짓이 선명합니다.

"그런다고 누가 알아줘.
네 상처나 치유해."

소스라치게 놀라요.
팻말을 집어 들고
바닥에 내리쳐 부숩니다.
그리고 손잡이를 비틀어
문을 엽니다.
어두워요, 두렵습니다.

창을 열고 빛을 부릅니다.
찬란한 빛이 벽에 드리웁니다.
어두울 때는 보이지 않던
벽에 쓰인 글귀 하나.

"너를 통해 상처 입은 한 사람을
치유하기 원한다."

이것이 진실이에요.
당신과 나, 진실 앞에 서야 합니다.
기억하세요.
단순합니다.

닫힌 방에 다시 가서
거짓 팻말을 부숩니다.
문을 열고 빛을 비춥니다.
진실을 발견할 수 있을 거예요.
그날이 오기까지
쉬지 않기를 바랍니다.

내 마음
아무도 모를 거야

요즘 사람들이 내게
자주 하는 말이 있습니다.

"나도 당신처럼 상처를 극복하고 싶어요.
상처받은 사람들을 도와주고 싶어요."

미안한 말이지만,
나는 상처를 극복하지 못했답니다.
당신이 모르는 내 문제가 있어요.
아무에게도 말할 수 없는 처지라
나도 힘들답니다.

누군가 그러더군요.
약함이 강함이라고.

뻔한 말 같지만,
나는 그 말을 받아들였어요.

학교 다닐 때
천재 수학 선생님이 있었어요.
수학 문제 하나를
여러 가지 방법으로 풀어냈지요.

해답에 없는 풀잇법을
수시로 만들어내기도 했어요.
연필 없이 눈동자 몇 번 굴리면
답이 척하고 나와버리니
처음 보는 사람은 놀라지요.

안타깝게도 그 선생님은
학생들을 오래 가르치지 못했어요.
답답했나 봐요.

문제를 못 푸는 학생을 이해 못했지요.
몇 달 있다가 어디론가 떠나버렸습니다.
남들보다 뛰어나면 그 나름
힘든 것도 있나 봐요.

수학을 못했던 내게
기억에 남는 선생님이 있어요.
내가 질문하면 선생님은 말했죠.

"어디, 같이 한번 풀어볼까?"

한참을 기다리면
멋쩍어하며 말씀하셨죠.

"야, 이거 어렵네. 자, 이제 알려줄게."

나는 왜 그 선생님이
그렇게 좋았을까요.

내담자가 상담실에 들어오면
나도 모르게 말합니다.

"같이 한번 이야기해볼까요?"

엄마를
지켜줄 거예요

엄마를 위해 살아가는
청년이 있었어요.
그의 엄마는 약하고 슬프고
외로운 사람이었지요.

남편이 술을 먹고 들어와
집안 살림을 때려 부수는 날이면,
그녀는 뒤돌아 누워 하염없이 울었어요.

그는 생각했어요.
엄마를 지켜주겠노라고.

엄마는 아들에게
걱정을 털어놓았어요.
아들은 말없이 들어줬습니다.

"듬직한 아들이야.
네가 있어 살아간다."
엄마는 그런 아들이 고마웠어요.
아들 덕분에 포기하지 않았죠.

하지만 아들은
조용히 무너져 내리고 있었어요.
대가를 치러야 했지요.
언제나 외롭고 채워지지 않았어요.
뻥 뚫린 가슴을 메울 수 없었습니다.

용기 내어 전하고 싶은 말이 있어요.
무례하다면 용서해주세요.

이야기 잘 들어주는 자녀는
부모에게 축복이 아니에요.

그 아이는 언젠가 홀로
혹독한 대가를 지불해야 해요.

부모 대신 무거운 짐을 지고
숨조차 쉴 수 없는 자녀들을
나는 만납니다.
상처투성이 자녀는
부모를 원망하지 않아요.
얼굴을 가리고 엉엉 울어요.

아빠가 불쌍하다고.
엄마가 불쌍하다고.

이제 당신 차례가 왔어요.
기운 내 일어나
자녀의 눈물을 닦아주세요.
당신의 그 무거운 짐은
주님께서 들어주실 테니.

말을
잃어버린 남자

감정을 표현하지 못하는
남자를 만났어요.
사랑하는 마음을
가족에게 전할 수 없었죠.
표현할 수 없었어요.
무슨 마법에라도 걸린 사람처럼.

'말 안 해도 알겠지. 내 마음 알 거야.'

그는 그렇게 믿고 있었죠.
나는 안타까웠어요.
가족들은 그를 오해하고 있었거든요.

상처 주는 남편.
상처 주는 아빠.
가족이 말하는
그의 모습이었어요.

그와 마주하고 난 알게 되었죠.
그의 얼굴 속 해맑은 소년이
숨바꼭질을 하고 있었어요.
소년이 대신 말해주더군요.
그의 진심을 말입니다.

그의 진심을 조심히 받아들여
가족들 두 손에 전해주고 싶었어요.
아내의 눈물이 멈출 테니까.
가족의 눈물이 멈출 테니까.

당신은 알고 있나요?
그가 어릴 때 아무도 그의 말을
들어주지 않았다는 사실을.
그가 혼자서 슬픔을 삭이며

긴 밤 눈물로 지새웠던 나날을.
그는 표현하는 방식을 잃어버렸어요.

슬픔이 슬픔인지,
절망이 절망인지,
억울이 억울인지
모르고 살았죠.

그 남자가 내 앞에 앉아있어요.
나는 그에게서 내 모습을 봅니다.
내가 새로 배운 언어,
당신에게 전해주고 싶습니다.

A, B, C.
가, 나, 다.

처음에는 어려워요.
그래도 우리 포기하지 말아요.
당신과 내가 힘을 합치면
우리 가족이 행복해질 수 있으니까.

당신은 아직 서투를 뿐이에요.
시간이 필요해요.

내가 당신의 가족에게 부탁할게요.
조금만 더 기다려달라고.

내가 항상
이렇지 뭐

좋지 않은 일이 벌어지면
무심코 말해버립니다.

"내가 항상 이렇지 뭐.
언제나 그랬어."

실수를 일반화해버리면
인생에 꼬리표가 붙습니다.
실패한 인생.
그렇게 성급하게 결론 내리고 나면
무엇이 남을까요.
질문 하나 해보겠습니다.

증거 있나요?
당신이 실패했다는 증거 말입니다.
아마 당신은 당황해서
같은 말을 반복할 겁니다.

"실패했으니까 실패한 거지,
무슨 증거가 필요해?"

아니에요.
조금 더 생각해보세요.
당신이 실패했다고 말하기에는
구체적인 증거가 모자랍니다.

감정이 앞서고 있어요.
감정에 근거해서
실패했다고 말하는 겁니다.
감정은 증거가 아니죠.
증거를 가져오세요.
명확하고 구체적인 증거 말입니다.

증거가 충분하면
내가 결론 내려드릴게요.
당신은 실패했다고.
아쉽게도 나는 증거가 충분한 사람을
한 번도 만나본 적이 없어요.

한 사람이 기억납니다.
그녀는 말했어요.
"나는 나쁜 엄마입니다.
내 딸이 나처럼 살면 안 돼요."

"아, 그렇군요.
당신이 나쁜 엄마라는 증거 있나요?
결론을 내린 근거 말입니다."

"없어요. 하지만 난 알아요.
내가 나쁜 엄마라는 걸."

"나는 모르겠는데요.
증거를 제시해주세요."

침묵.

성급하게 결론 내리면 당신은 파괴됩니다.
판단을 미루세요.
성급할 필요 전혀 없습니다.
정 불안하면 증거를 모아
그분에게 가져가세요.
그분은 인자한 미소를 지으며
말없이 당신을 안아주십니다.

토닥토닥.

수신호와 함께 따뜻한 바람이 붑니다.
당신이 가져온 증거 뭉치는
바람에 날려 사라집니다.
바람에 몸을 실은 당신은
깃털처럼 가볍게 일상으로 돌아갑니다.
성급해서 좋을 것은 딱 하나,
그분을 찾는 일입니다.

나는
갈등이 싫어요

나는 갈등이 싫어요.
혼자 참아요.
거절당할까, 버림받을까 두렵고
상황은 달라질 리 없거든요.
그러니까 참죠.

가끔 답답해요.
'나를 너무 쉽게 보는 거 아니야?
나를 얼마나 우습게 생각하면
저런 말을 하지?
말 안 하니까 더 그러나.'

마음 단단히 먹고 내 말 하고 싶죠.
그런데 교회에서 배운 게 있잖아요.
"순종해라. 참아라.
빛과 소금 돼라."
말문이 막혀요.

뭐가 옳은 걸까요.
평생 이렇게 살 수는 없잖아요.
이러다 내가 죽겠어요.

참지 마세요.
생각나는 대로 말하세요.
그 사람 상처받든 말든
독한 말 쏟아 부으세요.

내가 상처받았는데
다른 사람 배려할 일이 뭐예요.
욕하고 싶으면 욕하고
소리 지르고 싶으면 소리 지르세요.
그 사람 말고 하나님께.

놀랐지요?
하나님께 먼저 말하세요, 사람 말고.

복싱으로 몸 푸는 사람은
샌드백 먼저 쳐요.
프로 선수는 감정으로
주먹 휘두르지 않아요.
상대방의 움직임을 보고
정확히 주먹을 꽂아요.

자기 생각 말하기 전에
샌드백 먼저 치세요.

'하나님, 이 말 해야 할까요?'

잽, 잽, 잽.
'그래, 이번에는 말하자.'
라이트 훅.
'그래, 이번에는 참자.'
블로킹.

사람이 내 마음 알아주나요?

어림없어요.

기대한 만큼 실망해요.

하나님이 내 마음 알아주시죠.

솔직히 말하세요.

하나님 앞에서

다른 사람 욕하는 게 이상한가요?

착한 척하는 게 더 이상합니다.

시편 자세히 읽어보세요.

다른 사람 욕으로 꽉 찼어요.

참 신기하죠.

욕으로 시작한 기도가

찬양하는 기도로 끝나요.

하나님께 말하고 털어버리는 거예요.

원수를 대신 갚아주신다는데

다른 말이 더 필요한가요.

하나님께 말하고 나면

마음이 편해질 거예요.

그러면 판단할 수 있을 거예요.
'이건 말해야 한다.'
'이건 말할 필요 없다.'

절대적인 기준은 없어요.
말 많이 하는 사람에게는
참으라고 하실 것이고,
말 안 하고 참는 사람에게는
참지 말라고 하실 거예요.

잘못된 판단이면 어떻게 하죠?

괜찮아요, 정확한 판단은 못 내려요.
실수해도 하나님이 돌봐주세요.
우리 하나님은 해결사예요.

가시 빼고 말하는 사람 당당해요.
감정에 휘둘리지 않거든요.
거절당해도 타격 없어요.
그냥 그랬다는 거죠.

그래서 화났다는 것도 아니고.

의도는 없어도 나는 그렇게 느꼈다는데

상대방이 뭐라 말하겠어요.

내가 느낀 감정인데

그렇게 느끼지 말라고 하겠어요?

꾸준히 샌드백을 치세요.

나도 쉬지 않고 샌드백을 칩니다.

못한 말 산더미 같은데

어디 말할 데가 없어서.

한바탕 땀 흘리면 시원해져요.

가끔 링 위에 오르잖아요.

내던진 주먹 빗나가도 자책 마세요.

용기 내서 주먹 날린 자신을 축하해주세요.

역습당해 쓰러지면 어떻게 하냐고요?

열 셀 때까지 일어나면 됩니다.

만약 못 일어나면요?

괜찮아요. 누워서 잠시 쉬세요.
패배를 깔끔하게 인정하는 사람,
그 사람이 진정한 승자예요.
더욱 강해져 돌아올 테니.

못난 척할
필요 없어요

요즘 하도 잘난 척하는 사람이 많아서
눈에 잘 띄지 않는 사람이 있어요.
못난 척하는 사람이죠.

열 개 중 아홉을 잘하고
하나를 못하면 괴롭습니다.

'나는 왜 그랬을까?
왜 그 말을 했을까?'

속으로 생각하다 입 밖으로
생각이 흘러나와요.

배우자가, 친구들이
들어주다 지칩니다.
사람이 떠나가는 게 보입니다.
알약을 새로운 친구 삼습니다.

소리 소문 없이, 죽은 듯이
조용히 혼자 삽니다.
밤마다 침대에 누워
안방 천장에서 상영되는
실수 비디오를 무한 시청하면서.

남의 일 말하듯 하지만,
나부터도 하나 실수하면 괴롭습니다.

우승을 다투는 자리에서
귀한 손님이 가져온 꽃다발을
손으로 밀어낸 적이 있어요.
내가 원하는 결과를 얻지 못해서 그랬어요.
부끄러웠어요.
기대에 부응하고 싶었거든요.

집으로 돌아오는 길,
머릿속 비디오를 플레이했어요.
실수한 것을 반복해서 보고, 또 보고.

두 번 다시 실수를 반복하지 않으면
괜찮다고 말하지만 거짓말입니다.
실수는 당연히 반복되니까요.
절대로 멈출 수 없어요.
실수하는 건.

잘난 척할 필요 없지만,
못난 척할 필요도 없어요.

내 질문에 답변해보세요.

"당신은 살면서 가족에게 자랑하고 싶은
무언가를 이룬 적이 있나요?"

"당연히 있죠."

"그렇군요.
그럼, 괜찮습니다.
이제 집에 가셔도 됩니다.
당신은요?"

"나는 없어요. 전혀."

"아, 그렇군요.
우리 친구합시다.
나도 그렇거든요."

알약 친구보다 내가 낫잖아요.

아, 한 친구 더 소개하고 싶어요.
내가 매일 만나는
따뜻하고 인자한 친구가 있어요.
날 있는 그대로 다 받아주는
그런 친구 말입니다.
그가 도와줄 거예요.

우린
용서할 겁니다

용서 못하는 사람을
다그치는 사람이 있어요.
단호하게 큰 소리로 말해요.

"성경에 쓰여있잖아.
용서해야 천국 간다고."

나도 알아요.
묻고 싶어요.

용서 못한 사람이
불편한 이유가 뭔가요?

용서 못한 사람을
용서 못한 건 아닌가요.
용서 못한 사람도 용서해주세요.

"안 된다.
나도 힘들었다.
그래도 용서했다."

당신이 용서한 만큼은
나도 용서했어요.

세상 모든 사람을
완전히 용서한 사람처럼
말하진 말아주세요.
용서했다고 한 말, 믿어볼게요.

그 힘이 어디서 나왔나요?
용서할 수 있었던 힘.
당신인가요, 주님인가요?

당신 안에서 나왔다고 하면
나 뒤돌아서서 갈 거예요.
더 이상 말하고 싶지 않으니까요.
주님 안에서 나왔다고 하면
나 참았던 말 할 거예요.

자기 능력으로
용서한 것도 아니면서
무슨 생색인가요.
말이 심했죠? 용서해주세요.

다른 사람 조금만 기다려주세요.
부탁드려요, 진심으로.
당신도 아프고 힘들었잖아요.
잊지 말아주세요.
고통의 기억을.

마음 가다듬고
내가 하고 싶은 말 할게요.
"나 오늘 용서한다. 다 용서했다"라고

선언하지 마세요.
그건 구호일 뿐이니까요.

선언하고 싶다면
하나님 앞에서만 선언하세요.
성급하게 사람 앞에서 하면
부작용만 생겨요.

용서는 성취가 아니라 방향이에요.
그리스도를 향해 걷다 보면
우린 용서할 수 있을 겁니다.

원수를 사랑하는 건 고통스러워요.
주님을 사랑하는 건 행복하죠.
원수가 미울수록 주님을 사랑하세요.
원수를 묵상하지 말고 주님을 묵상하세요.
주님을 사랑하면 원수를 사랑하게 돼요.

아직 용서 못했는데
나는 주님을 사랑하는 건가요?

내 사랑은 가짜 아닌가요?
이렇게 모자란데.

아니, 그렇지 않아요.
조급할 필요 없습니다.
시간이 필요해요.

복수의 길을 돌아 나와
용서의 길로 들어섰다면
이제 안심하세요.

좁고 험하다고 포기하지 말아주세요.
저 끝에 나와 당신의 주님이
미소 짓고 계시니까요.

실수는
실패가 아니에요

어릴 때 운동회가 싫었어요.
난 달리기가 느리거든요.
출발선에 서면 다리가 떨렸어요.
'꼴찌는 면해보자' 생각했죠.

땅!
화약 소리와 함께
친구들 뒷모습이 보여요.
결승점에 도착하면 손등에 도장이 찍혀요.
내가 원하던 숫자는 아니었습니다.
손등에 보랏빛 숫자가 싫어도 지우면 안 돼요.
선생님께 혼나요.

번호가 있어야 끝나고 노트를 주거든요.
난 못 받은 적도 많았지만
번호는 끝까지 지우지 못했어요.

어느 날, 삼겹살을 먹는데
고기가 파래서 엄마한테 물었죠.
"이게 뭐야?"
"그거 고기 급수 나눈 도장이야."
나는 사람들이 돼지를 때려서
생긴 멍인 줄 알았는데 도장 자국이었어요.

내 식탁에 올라온 걸 보면,
적어도 1이라고 찍히지 않았을까 싶었죠.
'돼지도 달리기 1등 해서 내 식탁에 올라왔나?'
어린 마음에 쌈 싸먹으면서 피식 웃었지요.

나는 이제 달리기 싫어서 달리지 않아요.
옆 사람이 아무리 빨리 달려도
나는 걸어요.
비웃고 지나가는 사람이 있어요.

등 떠미는 사람도 있고요.
나는 뿌리치고 그냥 걸어요.
저 앞에서 도장 찍어주고
줄 세우는 게 보이네요.

'아, 내가 길을 잘못 들었구나.'
다른 방향으로 걸어요.
온 땅이 길인데요, 뭐.
참 이상하죠.
사람들이 어떻게 알고 따라왔는지
가만히 내버려두지 않습니다.

하얀 분으로 레일을 만들어요.
끝자락에 하얀 끈을 치고
빨리 뛰라고 손짓하죠.
계속 피해 다니는 수밖에
달리 방법이 없네요.
자꾸 길을 정해주고
벗어나지 말고 빨리 뛰라 하니
나는 귀찮을 수밖에요.

달리기하는 사람은 생각할 시간이 없어요.
중간에 실수라도 하면 스스로 생각하죠.
'나는 실패했어. 나는 바보야, 정말.'

힘겹게 도착한 결승점에서
도장을 꽝 찍어줘요.
'실패자. 바보.'
그런 도장을 받으러 뛰어갈 필요 있나요.
실수는 그냥 실수예요.
실패가 아니고.

도장이 싫다면 다른 길로 가세요.
가고 싶은 길, 당신만의 길로.
계속 거기 남아있으면 둘 중 하나예요.
스스로 낙인찍거나
남에게 낙인찍히거나.

감정 필터
사용법

나는 유명한 사람이 아니니까
댓글이 별로 안 달립니다.
댓글 하나가 소중해서
꼼꼼히 살피는 편이지요.
대여섯 개 달리면
일일이 답장해줍니다.

언젠가 한 번은
기분 나쁜 댓글이 달렸습니다.
댓글이 몇 개 안 되니까
나쁜 댓글 하나가
전체의 20퍼센트로 느껴집니다.

사람 참 이상합니다.
좋은 댓글 80퍼센트 놔두고
나쁜 댓글에 속상합니다.

사람마다 마음속 필터가 있습니다.
좋고 나쁨을 걸러내지요.
부르기 편하게 '감정 필터'라고
이름 붙여볼까요.

감정 필터가 정상적으로 기능할 때는
좋은 말은 담고, 나쁜 말은 걸러냅니다.
가끔 고장 납니다.
나쁜 말이 필터 틈에 끼어서
밖으로 나가지 않아요.
정체 현상이 일어납니다.

나쁜 말이 덕지덕지 달라붙어 덩어리가 됩니다.
시커먼 말이 필터에 가득 끼어버려요.
필터를 갈아야 하는데
그냥 살아가는 사람이 적지 않습니다.

자신에게 쏟아지는 나쁜 말을
걸러내지 않고 그대로 받아들입니다.
귀찮더라도 뭔가 조치를 해야 합니다.

주의할 점이 있어요.
필터를 씻어내려 마세요.
괜히 손만 더러워집니다.
큰맘 먹고 필터를 교체하세요.
구멍 큰 것으로 바꾸세요.
넉넉한 크기의 필터가 좋습니다.

너무 촘촘하면 이것저것 다 걸립니다.
작은 말은 그냥 흘려보낼 정도로
넉넉한 크기면 좋습니다.

나쁜 말 하나 붙잡고
하루 종일 반복해서 마음에 되새기면
속 쓰리고 잠이 안 옵니다.
항상 살펴주세요.
필터가 제대로 작동하고 있는지.

자, 구멍 크기 확인하셨나요?

넉넉해야 합니다.

어, 방향도 바뀌면 안 됩니다.

좋은 말을 담아야 합니다.

나쁜 말이 아니라.

지금까지

감정 필터 사용법이었습니다.

인생은
과정입니다

인생을 성공과 실패로 평가하는 사람은
반드시 실패합니다.
성공과 실패는 개념이 모호한 말입니다.
성공도 실패도 각자 정의 내리기 나름입니다.

흑백 논리라는 인지 왜곡이 있습니다.
매사를 이분법적으로 나누어 생각하는
사고방식이지요.

성공과 실패.
행복과 불행.
사랑과 증오.

믿음과 의심.
 상반되는 두 단어는
두부 자르듯 나눌 수 없습니다.

사람들은 조급합니다.
OX 게임을 하듯이
둘 중 하나라고 생각합니다.
사실이 아니에요.
인생을 성공과 실패로 단정하고
실패했다 결론 내리지 마세요.
아무것도 얻지 못합니다.

흑백 논리를 극복하는 방법을 찾아내세요.
합리적으로 말해볼까요?
중간 지점이 있습니다.
성공인지 실패인지 구분되지 않는
인생의 순간이 있어요.

당신에게 아마 지금이
바로 그 순간일지 모르겠습니다.

성공이든 실패든
결정은 우리 자신이 내리는 겁니다.
성공과 실패, 그 자체보다
성공과 실패를 판단하는 기준이 더 중요해요.
그 기준은 가치관입니다.

"나는 어떤 가치관을 가진 사람인가?"
스스로에게 물을 필요가 있습니다.
이에 대한 대답이
내 오늘 하루를 결정합니다.

인생은 하나의 과정입니다.
성공과 실패는 없습니다.
오르락내리락 반복하면서
궁극의 방향을 향해 걷고 있는 것이죠.

멀미가 나더라도
침착하게 마음을 다스려야 합니다.
여정의 쉽고 어려움은
중요하지 않습니다.

포기하지 않고
계속 걷는 것이 중요하지요.

우리의 목표는
높이 올라가는 것이 아니라,
끝까지 걷는 것입니다.
거대하고 궁극적인
하나의 의미를 향해서 말입니다.
나에게 그것은
"그의 나라와 그의 영광"이지요.

당신의 삶에 의미를 부여하세요.
흑백 논리를 벗어날 수 있습니다.
당신의 성공과 실패는
가치관으로 결정되는 것입니다.
더 나은 가치관을 선택하세요.
당신의 행복을 위해서.

그 사람
떠났어요

혼자 있는 게 싫어요.

견딜 수 없어요.

난 외로우면 다른 사람이 돼요.

누군가, 아니 아무라도 필요해요.

내 마음 위로해줄 사람을 찾아요.

길가에서 찾았어요.

내게 말 걸어준 그가 고마웠지요.

두런두런 대화를 나눴어요.

그 사람이 자꾸 시계를 봐요.

내 곁을 떠나려 해요.

손으로 붙잡았어요.

입술로 붙잡았어요.
다시 혼자가 되고 싶지 않아서.

그 사람 떠났어요.
그림자만 남기고.
바람 앞 촛불처럼 훅 사라졌어요.
갑자기 찾아든 어둠, 시큼한 연기 냄새.
눈물이 흘러요.

나 어쩌죠.
다시 혼자가 되었네요.
오늘 밤 지독한 외로움이 날 찾아올 거예요.
숨 막히도록 고통스러운 밤이 반복되겠죠.
난 다시 누군가를 찾아요.
아무라도 내 옆에 있어주면 돼요.

당신에게는 누군가가 필요한 게 아니에요.
아무에게나 당신을 맡기지 마세요.
많이 외로운 거 알아요.
당신에게는 슬픈 이야기가 있어요.

슬픈 이야기를 새로 쓸 수 있을까요?
어쩌면 가능할지도 모릅니다.
그분이 펜을 잡아주신다면.

내가 진실을 말해줄게요.
당신은 혼자가 아니었어요.
혼자인 적 없어요.
당신의 기억 속 작게 빛나는
주님의 흔적을 찾으세요.

주님을 만난 당신은 기뻐하다 슬퍼해요.
누군가를 안아서 몸에 얼룩이 묻었다고.
얼룩 때문에 주님께 갈 수 없다고.

내가 또 진실을 말해줄게요.
주님 품에 안기면 당신의 얼룩은 사라져요.
새하얀 옷을 새로 입은 것처럼 깨끗해져요.
당신은 고귀한 사람이에요.
이제부터 아무나 당신을 안을 수 없습니다.

당신에게 주님이 필요해요.
주님만이 당신을 위로해줄 수 있어요.
혼자 있을 때 주님을 부르세요.
주님은 시계가 없어요.
주님은 떠나지 않아요.
주님이 안아주실 거예요.

외로운 밤이 또 찾아들 거예요.
걱정은 안 할게요.
외로운 밤마다
당신의 기억 속 주님이 밝게 빛나기를
나는 바라니까요.

나를 돌보는 시간

초판 1쇄 발행   2018년 8월 6일
초판 5쇄 발행   2018년 10월 5일

지은이   김유비

펴낸이   여진구
책임편집   김아진
편집   안수경, 최현수, 이영주, 김윤향
책임디자인   마영애 | 노지현, 조아라
기획·홍보   김영하   해외저작권   기은혜
마케팅   김상순, 강성민, 허병용   마케팅지원   최영배, 정나영
제작   조영석, 정도봉   경영지원   김혜경, 김경희

이슬비전도학교   최경식   303비전성경암송학교   박정숙
303비전장학회 & 303비전꿈나무장학회   여운학

펴낸곳   규장

주소 06770 서울시 서초구 매헌로 16길 20(양재2동) 규장선교센터
전화 02)578-0003   팩스 02)578-7332
이메일 kyujang0691@gmail.com   홈페이지 www.kyujang.com
페이스북 facebook.com/kyujangbook   인스타그램 instagram.com/kyujang_com
카카오스토리 story.kakao.com/kyujangbook
등록일 1978.8.14. 제1-22

ⓒ 저자와의 협약 아래 인지는 생략되었습니다.
이 출판물은 저작권법에 의해 보호를 받는 저작물이므로 무단 전재와 무단 복제를 할 수 없습니다.

책값 뒤표지에 있습니다.
ISBN 978-89-6097-549-1 03230

규 | 장 | 수 | 칙

1. 기도로 기획하고 기도로 제작한다.
2. 오직 그리스도의 성품을 사모하는 독자가 원하고 필요로 하는 책만을 출판한다.
3. 한 활자 한 문장에 온 정성을 쏟는다.
4. 성실과 정확을 생명으로 삼고 일한다.
5. 긍정적이며 적극적인 신앙과 신행일치에의 안내자의 사명을 다한다.
6. 충고와 조언을 항상 감사로 경청한다.
7. 지상목표는 문서선교에 있다.

하나님을 사랑하는 자 곧 그의 뜻대로 부르심을 입은 자들에게는 모든 것이 合力하여 善을 이루느니라(롬 8:28)

Member of the Evangelical Christian Publishers Association

규장은 문서를 통해 복음전파와 신앙교육에 주력하는 국제적 출판사들의 협의체인 복음주의출판협회(E.C.P.A:Evangelical Christian Publishers Association)의 출판정신에 동참하는 회원(Associate Member)입니다.